FABULA
          18

DELLO STESSO AUTORE:

A ciascuno il suo
Alfabeto pirandelliano
Candido
Cronachette
Cruciverba
Dalle parti degli infedeli
Gli zii di Sicilia
I pugnalatori
Il cavaliere e la morte
Il Consiglio d'Egitto
Il contesto
Il giorno della civetta
Il mare colore del vino
Il teatro della memoria - La sentenza memorabile
L'adorabile Stendhal
L'affaire Moro
L'onorevole - Recitazione della controversia liparitana dedicata ad A. D. - I mafiosi
La corda pazza
La scomparsa di Majorana
La Sicilia, il suo cuore - Favole della dittatura
La strega e il capitano
Le parrocchie di Regalpetra
1912+1
Morte dell'inquisitore
Nero su nero
Occhio di capra
Per un ritratto dello scrittore da giovane
Pirandello e la Sicilia
Todo modo
Una storia semplice

Leonardo Sciascia

Porte aperte

ADELPHI EDIZIONI

Prima edizione: ottobre 1987
Dodicesima edizione: aprile 2009

© 1987 ADELPHI EDIZIONI S.P.A. MILANO
WWW.ADELPHI.IT

ISBN 978-88-459-0262-8

PORTE APERTE

La realtà è che chi uccide non è il legislatore ma il giudice, non è il provvedimento legislativo ma il provvedimento giurisdizionale. Onde il processo si pone con una sua totale autonomia di fronte alla legge e al comando, un'autonomia nella quale e per la quale il comando, come atto arbitrario di imperio, si dissolve, e imponendosi tanto al comandato quanto a colui che ha formulato il comando trova, al di fuori di ogni contenuto rivoluzionario, il suo « momento eterno ».

SALVATORE SATTA, *Soliloqui e colloqui di un giurista.*

« Lei sa come la penso » disse il procuratore generale. Perfetto cominciare: di chi non si sa come la pensa, e se la pensa, e se pensa. Il piccolo giudice lo guardò con soave, indugiante, indulgente sonnolenza. E il procuratore se lo sentì sulla faccia, quello sguardo, come una volta, bambino, la mano di un suo parente vecchio e cieco che voleva – disse – vedere a chi dei più anziani della famiglia somigliasse. Di quel parente mai prima incontrato, per quella mano che gli scorreva sulla faccia come a modellargliela, aveva sentito un che di repugnanza, di ribrezzo. Ora, da quello sguardo, fastidio e inquietudine. A chi voleva assomigliarlo, il piccolo giudice? E si pentì di quella frase che voleva aprire un discorso confidente, quasi amichevole. Ma non trovò di meglio che rivoltarla. Disse: « So come lei la pensa ». Ma ancora quello sguardo, ad accrescergli fastidio e inquietudine. Saltò tutta la premessa che si era accuratamente preparata e come annaspando disse: «Bisogna riconoscere che non ci hanno mai chiesto nulla; e nemmeno per questo caso, sia ben chiaro, si sono fatti avanti a chiedere qualcosa».

L'imponente statura, e l'imponente scranna su cui di solito il procuratore sedeva, davano al piccolo giudice disagio, soggezione: che sempre dentro di sé, nei rari colloqui, scioglieva in un senso di noncuranza, di noia, distraendosene o, sulle frasi che coglieva, affilando ironia. 'Come la pensa, come la penso: che insulso e penoso gioco. E come la pensa lui, non lo so e non voglio saperlo; ma io non la penso affatto: semplicemente penso'. E divagò sul *la*: che nessuna grammatica, nessun dizionario, avrebbe registrato in questa sua vera essenza di pronome della cosa di cui non si vuole parlare, della cosa cui non si vuole pensare: e appunto quando lo si collocava a precedere il pensare. Pronome, per gli italiani, della religione cattolica, del partito al governo, della massoneria, di ogni cosa che avesse – evidentemente o, peggio, oscuramente – forza e potere, di ogni cosa che fosse temibile; e ora del fascismo, delle sue imposizioni, dei suoi riti. 'Lei sa come la penso, io so come lei la pensa: e dunque non pensiamola, non stiamo a pensarci. Che è meglio'.

Come un paesaggio dalla nebbia, le parole del procuratore affiorarono alla sua attenzione. Stava dicendo: «Si sono fatti i loro tribunali speciali, ci hanno tenuto al di fuori e – perché non riconoscerlo? – al di sopra della politica, della loro politica: e abbiamo ancora in servizio, indisturbati, giudici che non solo hanno dato sentenze non gradite a qualche gerarca o addirittura al regime, ma che hanno apertamente, fermamente ignorato il pronunciarsi di qualche gerarca o di qualche gruppo o del partito intero su certi casi o su certe interpretazioni delle leggi...».

«Sì, al di fuori, al di sopra: ma i tribunali speciali...».

«Non potevamo opporci: avremmo perduto quel che invece ci resta».

«Ci siamo contentati».

«Sì, ci siamo contentati» ammise il procuratore. Un sospiro di rassegnazione gli si mutò in sbadiglio. Sbadigliava di frequente: per qualcosa che nel suo corpo accadeva e che voleva ignorare; ma anche per l'esistere, tra l'ingente potere che l'ufficio gli dava, e che usava con ossessive preoccupazioni e precauzioni, e quello che la famiglia del tutto gli negava, a parte lo stipendio. «Ma lei sa come la penso» disse ancora. E ancora sbadigliò: della noia di dover pensarla, questa volta; anche se di dover pensarla in dettaglio, lasciando perdere, come sempre, l'insieme. Ma lasciò subito perdere anche quel dettaglio, scendendo ad altro più concreto. Aprì un cassetto della scrivania e ne trasse un cartoncino rosso. Se lo tenne tra le mani in modo che il giudice ne avesse visione al momento giusto, di sorpresa. «La polizia» disse «ci ha subito trasmesso tutte le carte trovate in casa dell'imputato. Tutte: tranne questa. Inclusa nell'elenco che accompagnava le altre, ma trattenuta in questura. Ho dovuto insistere, per averla. Perché, ho detto, e anche scritto, mandarci tante carte, anche inutili – agende, lettere, cartoline, fotografie familiari, conti del macellaio e del fornaio – e non questa? Ma pare avessero avuto ordini dall'alto, di non darcela. Se mi domando perché, una risposta la trovo: ma forse non è quella giusta. Mi piacerebbe, comunque, sentire la sua opinione... Finalmente, ieri, hanno ceduto ». Cedette anche lui, porgendo il cartoncino al giudice.

Il giudice lo prese, e subito che vi gettò gli occhi ebbe come un trasalimento: era un'immagine che, tredici anni prima, giornali, manifesti e cartoline avevano come inchiodato nella memoria degli italiani che avevano memoria, nel sentimento degli italiani che avevano sentimento. Questa, proprio questa: un volto sereno e severo, ampia fronte, sguardo pensoso e con un che di accorato, di tragico; o forse con quel che di tragico aveva poi conferito alla sua immagine da vivo la tragica morte. Immagine che riportò il giudice a quell'estate del 1924 (era pretore in un piccolo paese siciliano in cui pochi erano i fascisti e pochissimi i socialisti) in cui la sorte del fascismo parve vacillare, ma declinando l'estate ecco risollevarsi, riaffermarsi e vincere. E nella sua memoria il senso, proprio il senso – i colori, gli odori, i sapori persino – dell'estate che si spegneva, si associava allo spegnersi delle passioni che anche nell'ambito delle famiglie quel tragico caso aveva acceso. Passione che anche lui aveva sentito, ma dentro la passione del diritto, della legge, della giustizia. E pensò: 'così andava sentita, perché non si spegnesse'.

Accanto alla fotografia, fitta di puntini e di esclamativi, era la scritta in cui a Giacomo Matteotti venivano attribuite, rivolte « ai suoi carnefici », frasi come queste: « uccidete me, ma l'idea che è in me non la ucciderete mai; la mia idea non muore; i miei bambini si glorieranno del loro padre; i lavoratori benediranno il mio cadavere; viva il socialismo ». E da quelle frasi ingenuamente solenni ed eroiche (che però, ricordava, facevano effetto non solo a rincuorare l'opposizione ma a commuovere anche le casalinghe), la parola « cadavere » si spiccò greve, dissolvendo in altra immagine quella che aveva davanti: la fotografia del trasporto dei « resti mortali » dal bosco della Quartarella al cimitero di Riano Flaminio: la cassa di legno bianco, i quattro carabinieri che la portavano: e il primo (a sinistra nella foto, ricordò con terribile precisione), il più in primo piano, che si premeva sul naso e sulla bocca un fazzoletto. Ormai da anni non pensava al delitto Matteotti, in certi momenti e di fronte a certi fatti, che con parole che sarebbero state della storia futura, del giudizio storico: ma quel cartoncino rosso lo aveva precipitato in ricordi visuali che non sapeva di avere così nitidi, così precisi: e vi si intridevano quelle parole, quel giudizio. Fotografie, di quel settimanale che allora più di ogni altro ne offriva: le donne di Riano che portano fiori sul luogo dove

15

il cadavere era stato trovato; i funerali a Fratta Polesine, la bara portata a spalla da parenti ed amici (il baritono Titta Ruffo, cognato, particolarmente segnalato nella didascalia: c'erano state per lui, poi, amare vicende a conseguenza di quella parentela, di quella devozione?); e quell'impagabile immagine, che valeva più di un capitolo di un libro di storia, di quei deputati socialisti in ginocchio presso la spalletta del ponte dove Matteotti era stato preso. Avevano deposto una corona, si erano inginocchiati: occhi cupidi di passare alla storia rivolti all'obiettivo; e si erano alzati quelli che, tra gli ultimi, temevano l'obiettivo non li cogliesse. E si propose di ritrovarla, quella fotografia: ricordava due o tre nomi dei genuflessi, lo incuriosiva sapere quel che ne era stato di ognuno.

Di pensiero in pensiero, si trovò avventatamente a dire: « Una cosa cui allora si badò poco: era libero docente di diritto penale all'università di Bologna ».

« Chi? » domandò il procuratore.

« Matteotti » disse il giudice: ma dallo sguardo guardingo, e con un che di compassionevole, del procuratore, capì di avergli suscitato, oltre che diffidenza, un sospetto di disordine mentale, di sconnessione. L'argomento era spinoso, spinosissimo; e che c'entrava quel particolare della libera docenza? Ma da quel particolare era rampollata nella mente del giudice una constatazione: che Matteotti era stato considerato, tra gli oppositori del fascismo, il più implacabile non perché parlava in nome del socialismo, che

16

in quel momento era una porta aperta da cui scioltamente si entrava ed usciva, ma perché parlava in nome del diritto. Del diritto penale.

Il procuratore gli lasciò il tempo di riconnettersi alla ragione del colloquio cui lo aveva invitato; poi sbadigliando domandò: « Che ne pensa? Voglio dire: del fatto che proprio questa carta non volessero mandarcela ».

« Una delicatezza » disse il giudice.

« Proprio così » disse il procuratore: irritato, come sempre quando sospettava sarcasmo, ironia. « Penso che, evidenziando l'omissione, e resistendovi, abbiano voluto dirci: non vogliamo fare confusione caricando l'imputato di un reato che s'appartiene ad altro giudizio, anche se bisogna tenerlo presente come un dettaglio che ne completa l'abiezione; del resto avete ben altro su cui fondare la più dura condanna ».

« Un'indelicatezza » commentò il giudice.

« Lasciamo perdere la delicatezza e l'indelicatezza, prendiamolo per quello che è: un avvertimento... Si aspettano, insomma, una sentenza sbrigativa ed esemplare ».

Si sentì bussare, il procuratore disse: « Avanti »; entrò l'usciere con un fascio di posta, venne a posarlo sul tavolo. Appena uscito, la porta richiusa, il procuratore disse: « Una spia: ho il sospetto che sia di rango alto e con paga alta; con molta discrezione ho fatto fare un'indagine ai carabinieri: vive bene, con una larghezza di molto superiore al suo stipendio. E anche al mio... In questo momento, sicuramente, sta con l'orecchio incollato alla porta. Ma soltanto per amore dell'arte: non si sente nulla, ho verificato ».

Al giudice premeva di tagliar corto, quel colloquio gli dava il disagio o di dover scoprirsi o di dover mentire. E anche peggio: di non riuscire né a non scoprirsi né a mentire. Tentò una scorciatoia: « Lei, dunque, dice che si aspettano una sentenza sbrigativa ed esemplare. Ma non soltanto loro, lo so: se l'aspettano tutti ».

Il procuratore parve sollevato. « E dunque parliamoci chiaramente » disse: e invece lungamente tacque, come aspettando che una luce di lento levarsi rendesse più chiaro quel che aveva da dire. E finalmente, muovendo come un cane cirneico da una traccia lontana: « La magistratura inquirente, la magistratura giudicante: è quasi un luogo comune credere che la giudicante, cui lei appartiene, non abbia niente a che fare col potere politico e se ne sia mantenuta, in questi anni, assolutamente indipendente; mentre si crede il contrario per l'inquirente... Io potrei invece, per l'una e per l'altra, ricordare un numero pari di casi di sottomissione. Casi, dico: che né per l'una né per l'altra si possono assumere come regola di una dipendenza di fatto. Ma ammettiamo per vero il luogo comune e che anche lei, in questo momento, stia credendolo vero e dia alle mie parole il senso di un messaggio, con nascosta minaccia, che il potere politico mi ha fatto carico di trasmetterle... Non è vero; ma lo creda pure, se vuole... ».

Il giudice mosse la destra a dire di no: il gesto del ragazzo che cancella dalla lavagna una scritta. E davvero non lo credeva: un brav'uomo, il procuratore; noioso quasi sempre, ma mai subdolo; al di fuori della corporazione, qualche volta arrogante: ma dentro la corporazione capace soltanto di piccole e non disastranti soperchierie.

« Se non lo crede in questo momento » disse nel suo inveterato pessimismo il procuratore « finirà col crederci domani o tra un anno... Comunque, il punto è questo: io ricordo, di circa dieci anni fa, un discorso tra noi sulla pena di morte. E non eravamo soli, se si ricorda. Era appena uscito, sulla rivista "L'impero", un articolo di sua eccellenza Rocco... Eccolo: me lo sono riletto stamattina... ». Da sotto il fascio della posta trasse la rivista, l'aprì al segnale che vi era inserito. « Eccolo: *Sul ripristino della pena di morte in Italia...* Non ricordo gli argomenti con cui lei lo confutava; ma ne ricordo il tono, sommamente irritato. E posso anch'essere d'accordo che un po' irritante è l'attacco: "Il ristabilimento" » lesse « "della pena di morte in Italia reclamato dalla coscienza nazionale, invocato dalla Camera dei Deputati, deciso dal Governo del Re, soddisfa un antico voto della scienza italiana": che è un po' troppo, l'ammetto... Ma sulle considerazioni che nell'articolo si svolgono, io ero e sono totalmente d'accordo ». Aspettò che il giudice dicesse qualcosa. Deluso, continuò: « Ci creda o meno, io, per la stima che ho di lei e, se permette, per un sentimento di benevolenza, di amicizia... ».

« La ringrazio » disse il giudice.

« ... desidero soltanto invitarla a una riflessione su questo processo che automaticamente viene alla Corte di cui lei è parte: e innanzi tutto se non le convenga, ferme restando le sue opinioni sulla pena di morte, di rinunciarvi o, che so?, di trovare, d'accordo col presidente della Corte d'Appello, il modo più opportuno, meno pregiudizievole, per stornarlo ad altra sezione... Meno pregiudizievole, intendo, per la sua carriera: finora brillante, direi... Io, come dicevo e dico, sono totalmente d'accordo con la tesi di sua eccellenza Rocco, » non dimenticava mai di dare, a ogni altro cui spettasse, il titolo che a lui spettava « e cioè d'accordo con la legge, poiché la pena di morte è ormai da dieci anni legge dello Stato: e la legge è legge, noi non possiamo che applicarla, che servirla. Né credo si possa dare caso più di questo pronto alla pena capitale, poiché la pena capitale c'è, poiché la pena capitale è legge: delitti freddi, efferati; personaggio abietto... Tutta la città ne è indignata, sconvolta: uno stato d'animo da linciaggio... Ma mi pare di ricordare – senza ironia, con rammarico, quasi con dolore – che lei lo preferirebbe, il linciaggio... ».

« Non lo preferirei. Dicevo allora, ricordo, che un branco di fanatici o di avvinazzati che crede di far giustizia, in effetti, contravvenendo al diritto, lo certifica: nel senso che quell'azione impone, su coloro che la compiono, il risarcimento del diritto, l'affermazione che non si deve, che non si può... Consideri, poi, se gli istinti che ribollono in un linciaggio, il furore, la follia, non siano, in definitiva, di minore atrocità del macabro rito che promuove una corte di giustizia dando sentenza di morte: una sentenza che appunto in nome della giustizia, del diritto, della ragione, del re per grazia di dio e volontà della nazione, consegna un uomo, come è da noi, al tiro di dodici fucili; dodici fucili imbracciati da dodici uomini che, arruolati per garantire il bene dei cittadini, quel supremo bene che è la vita, ad un certo punto si sono sentiti chiamati, e con tutta volontà hanno risposto, all'assassinio non solo impunito ma premiato... Una vocazione all'assassinio che si realizza con gratitudine e gratificazione da parte dello Stato».

«Non esageriamo» disse il procuratore. Era piuttosto disorientato: l'*allora* con cui il giudice aveva cominciato, quell'allontanare nel ricordo l'opinione che dieci anni prima aveva sostenuto, gli avevano fatto intravedere un'opinione ora mutata, diversa; ma la veemenza di quel che aveva poi detto, mal si accordava con l'*allora*.

Di solito taciturno, di poche e affilate parole, il piccolo giudice sembrava preda di una incontenibile eloquenza. «Lei sa» continuò «come si forma un plotone d'esecuzione? Non dico nell'ambito militare e in tempo di guerra, in cui c'è l'obbligo di farne parte: dico ora, qui, in tempo di pace, in quel che noi amministriamo... Li ha mai visti, gli uomini di un plotone? Divise nere; mantelli neri, nella stagione in cui io li ho visti; teste che conferiscono attendibilità a Lombroso; facce che dentro una caserma di guardie, di carabinieri, là dove attendono ai compiti per cui sono stati arruolati, diremmo di atavici stenti, di atavica brutalità: ma viste sapendo che sono di uomini che hanno scelto di uccidere, che sono stati scelti per uccidere... Li chiamano "metropolitani", arrivano come uno stormo di corvi, uno stormo di morte, dalla capitale: curiosa associazione della città capitale alla pena capitale ».

« Lasciamo perdere » disse il procuratore: infastidito dall'emozione del giudice e un po' dalla propria. E pensò: 'Me ne lavo le mani'; e così intensamente lo pensò che ne fece il gesto. « Lasciamo perdere... Ma comunque lei la pensi, e comunque io la pensi, bisogna considerare... ». Ancora il *la*: che questa volta era un *la* tecnico, da officina, da diatriba alquanto inutile dentro una corporazione, poiché più forte di ogni opinione era la legge: « ... bisogna considerare che non c'è fantasia di romanziere che possa conferire a questo caso il minimo dubbio, la minima ambiguità; né dargli la minima eco di pietà, di misericordia: se non per le vittime, beninteso; né proiettarlo a cavarne rimpianto per il vecchio Stato e riprovazione per il nuovo. Non se ne può fare nulla di simile alla questione del sergente Grischa, mi creda ». Era tra le letture più recenti del procuratore, il romanzo di Arnold Zweig: non cadeva esattamente in taglio, il citarlo; ma il procuratore teneva a mostrarsi uomo dedito agli ozi letterari, e poi voleva a quel punto divagare. Infatti « Che questione è? » domandò il giudice.

« Non so quale fondamento storico, di documenti, abbia. Un romanzo. Di un tedesco. Molto interessante: il vecchio Stato prussiano coi suoi princìpi, le sue regole, i suoi scrupoli, che si scontra, e perde, con la Germania che vien fuori dalla guerra: puntigli, nessuna sensibilità al diritto, totale mancanza di scrupoli, disumana astrattezza... La Germania di oggi: e speriamo che il nostro si fermi a tempo, che non ci comprometta troppo in questa *liaison*...». Ma si accorse che un po' troppo stava compromettendosi; e «Ma torniamo al punto... Qui, lei sa, corre l'opinione che da quando c'è il fascismo si dorme con le porte aperte...».

«Io chiudo sempre la mia» disse il giudice.

«Anch'io: ma dobbiamo riconoscere che le condizioni della sicurezza pubblica, da quindici anni a questa parte, sono notevolmente migliorate. Anche in Sicilia, malgrado tutto. Ora, quali che siano le nostre opinioni sulla pena di morte, dobbiamo ammettere che il ripristino serve a ribadire nella testa della gente l'idea di uno Stato che si preoccupa al massimo della sicurezza dei cittadini; l'idea che davvero, ormai, si dorma con le porte aperte».

«Lo ammetto senz'altro» disse il giudice.

«E dunque siamo d'accordo» disse il procuratore: con la fretta di chi teme di scoprire che non si è per nulla d'accordo. Si alzò, si alzò anche il giudice, si strinsero la mano. «Posso pregarla» disse il giudice «di prestarmi questa rivista? Vorrei rileggere l'articolo di sua eccellenza Rocco». Il procuratore gliela diede, l'accompagnò alla porta, l'aprì: l'usciere stava lì davanti, la faccia cui una posticcia espressione di ossequio rendeva ancor più sgradevole quella vera: avida, da furetto. Procuratore e giudice, a guardarlo, si ricordarono di avere doppiamente infranto il foglio d'ordini del partito fascista: si erano dati del lei e si erano salutati con la stretta di mano. Si scambiarono convenevoli dandosi del voi e si risalutarono romanamente.

Il procuratore rientrò in ufficio, tornò ad assidersi nell'alta scranna. Stanco, sbadigliante. 'Comunque la pensi, avrà da riflettere, da tirare il pro e il contro... Eh, la carriera!'. Tant'è che spesso ci si sbaglia, nel giudicare i nostri simili come del tutto simili a noi. Ce ne sono di peggio, ma ce ne sono anche di meglio.

Il colloquio col procuratore era stato lungo, lunghissimo (tanto più lungo di quanto sarà parso al lettore). Il giudice uscì dal palazzo di giustizia che era già sera, i lampioni già accesi, i grandi alberi della piazza che facevano oscure masse, i rami mostruosamente articolati. Ogni volta che varcava la soglia di quel palazzo, la parola «inquisizione» lampeggiava nella mente del giudice. Per un paio di secoli lì furono giudicati i bestemmiatori, le fattucchiere, gli eretici spesso di nessuna eresia; da quel portone si erano snodate per la città le processioni degli *auto da fé*: fino al rogo che sarebbe stato acceso non lontano, ma che il disegno del percorso e la lentezza del corteo rendevano lontanissimo. Dall'Inquisizione lo Stato – lo Stato borbonico, lo Stato sabaudo – aveva ereditato, ovvia fatalità nella carenza di opere pubbliche, quel palazzo;

ma aveva anche ereditato, per volontà diventata legge, la prosecuzione fiscale dei processi agli eretici, appropriandosi dei beni dei condannati e contendendo lungamente con gli eredi legittimi. Una contesa si era prolungata fin verso il 1910: sui beni di un'eretica di quietismo (ma trasgressione sessuale più che dottrina) che era stata bruciata nel 1724. Il denaro non ha odore: nemmeno quello delle carni vive che bruciano sui roghi e che spettatori di *auto da fé* assicurano di particolarissimo e tremendo sentore. «Dopotutto, significa dare un bel peso alle proprie opinioni, se per esse si fa arrostire vivo un uomo». Grandi parole: tutto è opinione, di relativo o irrisorio valore; tranne quella che non si può fare arrostire vivo un uomo soltanto perché certe opinioni non condivide. E tranne quella, qui, oggi, anno 1937 (anno 1987), che l'umanità, il diritto, la legge – e insomma lo Stato che filosofia idealistica e dottrina del fascismo dicevano allora *etico* – rispondere con l'assassinio all'assassinio non debbano.

Di quegli anni, forse appunto di quell'anno, per un pover'uomo che sentiva avversione all'iniquità senza riuscire a trovare parole per spiegarla, Vitaliano Brancati dice: «Perché un canto di Milton o di Leopardi sulla libertà, o il libro di un filosofo proibito non volò in soccorso di questo poveruomo, trafitto da tutte le sofferenze che un'anima onesta può ricevere dall'oppressione, e tuttavia incapace di dire perché soffrisse?». Ma di questi soccorsi il piccolo giudice non era privo. Indelebilmente: «Quando vidi come la testa si staccava dal corpo e come l'una e l'altro, separatamente, andavano a sbattere nella cassa, allora capii, non con l'intelligenza, ma con tutto il mio essere, che non vi è alcuna teoria della razionalità dell'esistente e del progresso che possa giustificare un simile atto e che quand'anche tutti gli uomini al mondo, fin dalla sua creazione, basandosi su teorie quali che siano, trovassero che ciò fosse necessario, io so che ciò non è necessario, che ciò è male e che, quindi, arbitro di quel che è bene e necessario non è quel che dicono e fanno gli uomini, e neppure lo è il progresso, ma lo sono io, col mio cuore ». Parole che, inseguendo i pensieri del giudice, noi non siamo riusciti a trovare nella traduzione che lui, ragazzo, aveva acquistato intorno al Natale del 1913 (lo ricordava precisamente, poiché soltanto in quei giorni di festa, per il regalo di un parente d'America, disponeva della lira e mezza, o due, che ci volevano per acquistarla); e ci siamo serviti di altra più recente: nella convinzione che nessuna traduzione, né la più brutta né la più bella (più pericolosa forse la più bella), riuscirà mai a tradire un grande scrittore russo. E c'era anche, nella mente del giudice, quell'altra pagina, di altro russo: « Benché il principe fosse un deficiente – il lacchè lo aveva già stabilito... »: il principe che racconta di un'esecuzione capitale cui ha assistito (anche lui a Parigi, per ghigliottina) e svolge contro la pena di morte il più alto discorso che mai sia stato fatto. E pareva di ricordare, al giudice, che il lacchè si fosse a un certo punto commosso; ma sarà stata commozione di poco momento, poiché i lacchè sono sempre per la pena di morte, quelli che lo sono per funzione e quelli che lo sono nell'anima.

Ecco (era arrivato a casa, si era messo in pantofole, aveva aperto il balcone, accesa la luce sulla scrivania: e aveva cominciato a rileggere l'articolo *Sul ripristino della pena di morte in Italia*), ecco questo povero Rocco – e davvero ne aveva un senso di commiserazione, quasi di pietà – che apre con un lungo elenco dei grandi nomi della «scienza» italiana e straniera che hanno ammesso, o addirittura invocato, la pena di morte. Scienza, la scienza. Questo povero Rocco: ordinario di diritto e procedura penale nella regia università di Roma, ministro della giustizia (e grazia), sua eccellenza Rocco. Titoli che andavano benissimo, a paludamento del lacchè: ma quello di avvocato, che amava far precedere al suo nome, questo titolo no, il giudice non riusciva a concederglielo.

Sua eccellenza Rocco: il procuratore non lo dimenticava mai. Un brav'uomo, il procuratore: ma di brav'uomini è la base di ogni piramide d'iniquità. 'Sono anch'io un brav'uomo di questi, in effetti'. E, pensasse il contrario il procuratore, davvero non riusciva a credere, nemmeno a sospettare, che l'ammonizione che cautamente gli aveva dato fosse stata dettata da altro che da una preoccupazione corporativa; da una sua idea di realizzare, su quel caso, una esigenza di giustizia da quasi tutti sentita; e forse da una stima personale nei suoi riguardi che arrivava all'amicizia, benché vera e propria amicizia mai ci fosse stata tra loro. Questo era, secondo i suoi genitori, i suoi fratelli e sua moglie, il suo principale difetto: il credere, fino a contraria e diretta evidenza, e anche all'evidenza guardando con indulgente giudizio, che in ogni uomo il bene sovrastasse il male e che in ogni uomo il male fosse suscettibile di insorgere e prevalere come per una distrazione, per un inciampo, per una caduta di più o meno vaste e micidiali conseguenze, e per sé e per gli altri. Difetto per cui si era sentito vocato a fare il giudice, e che gli permetteva di farlo. E non che non avesse le sue cattiverie, le sue malignità, le sue impuntature di amor proprio: ma le esauriva – almeno così credeva e se ne confortava – in una sfera che noi potremmo dire letteraria e che lui diceva d'innocenza, nel senso che riteneva non nuocessero altrui. Ma noi diciamo *letteraria* caricandola invece, benché non gravemente, di altro senso: poiché la letteratura non è mai del tutto innocente. Nemmeno la più innocente.

Era arrivato alla conclusione dell'articolo di Rocco: «Quanto ai casi di applicazione della pena di morte (se debba essa limitarsi ai soli e più gravi delitti politici o ai soli e più atroci delitti comuni o estendersi agli uni e agli altri insieme e a quali fra essi) e così pure quanto al modo di esecuzione della pena capitale, all'organo giudiziale cui deve esserne deferita l'applicazione, alle forme del procedimento e del giudizio e via dicendo, sono questioni particolari di politica legislativa penale che debbono essere riservate, io penso, al senno politico del Governo e del Parlamento. I quali sapranno – anche questa volta – rendersi interpreti sicuri e fedeli della coscienza giuridica della Nazione italiana». E «anche questa volta» l'aspettativa di Rocco non era stata delusa. E come si poteva deluderla, se egli primamente concorreva a realizzarla?

Lo aveva riletto senza riuscire ad indignarsene, che ne aveva l'intenzione chiedendolo in prestito al procuratore. Il quale aveva invece creduto volesse rileggerlo per trovarvi ragione di un ripensamento, di un ravvedimento. Un brav'uomo: che era favorevole alla pena di morte come ad un fatto lontano da lui, voluto da altri e da altri consumato, astratto, quasi una rappresentazione propagandistica e, in definitiva, estetica. Non si era mai trovato a chiederla, in un processo; e chiesta dai suoi sostituti forse gli pareva fosse affar loro; e non di gran peso, se il chiederla era tutt'altra cosa che il darla. E il giudice gli faceva credito che se si fosse trovato nella condizione di darla, almeno l'opinione che fosse stata ripristinata per ingannare i cittadini sulla tranquillità e sicurezza che lo Stato fascista elargiva, almeno questa opinione gli si sarebbe sollevata fino a toccare la sua coscienza, a inquietarla. Il che mai sarebbe accaduto al professor Rocco, che peraltro ben conosceva la ragione del ripristino.

Non era riuscito a nuovamente indignarsene. Come diceva il professore di chimica, la soluzione era già satura. Satura d'indignazione.

Le porte aperte. Suprema metafora dell'ordine, della sicurezza, della fiducia: «Si dorme con le porte aperte». Ma era, nel sonno, il sogno delle porte aperte; cui corrispondevano nella realtà quotidiana, da svegli, e specialmente per chi amava star sveglio e scrutare e capire e giudicare, tante porte chiuse. E principalmente eran porte chiuse i giornali: ma i cittadini che spendevano ogni giorno trenta centesimi di lira per acquistarlo, due su mille nel popolatissimo sud, di quella porta chiusa non si accorgevano se non quando qualcosa accadeva sotto i loro occhi, qualcosa di grave, di tragico, e ne cercavano la notizia o che non trovavano o che trovavano impudicamente imposturata (la parola non è di buon uso, lo sappiamo; ma sappiamo che il lettore ce la perdonerà, se a giustificazione gli offriamo le definizioni che ci hanno convinto ad usarla: «La *falsità* riguarda direttamente le cose, in quanto il concetto della mente non risponde a quelle; la *bugia*, le parole, in quanto le non rispondono all'anima; l'*impostura*, i fatti, in quanto le parole e le azioni e il silenzio son volti a fare inganno altrui, e cioè a fargli credere il falso a pro di chi inganna, e a soddisfazione di alcuna ignobile passione sua»: che sono, inutile dirlo, del Tommaseo).

Nel caso che il giudice stava per affrontare – un uomo che aveva ucciso tre persone in un breve giro di ore – l'impostura era arrivata all'apice e si era rovesciata nel grottesco, nel comico. Vittime erano state, nell'ordine delle ore, la moglie dell'assassino; l'uomo che dell'assassino aveva preso il posto nell'ufficio da cui era stato licenziato; l'uomo che, al vertice di quell'ufficio, ne aveva deciso il licenziamento. Ma, stando al giornale, nessun omicidio c'era stato: della moglie non si parlava; e gli altri due eran morti improvvisamente sì, ma di natural morte. Per due giorni la cronaca si era occupata di loro: la morte improvvisa, i funerali, il cordoglio della cittadinanza. E crediamo possa servir da modello, nelle magnifiche sorti e progressive che certo giornalismo non mancherà di raggiungere, se già non le ha raggiunte, la notizia così come apparve, all'indomani dei tragici fatti, sul più diffuso giornale dell'Isola:

«La notizia dell'improvvisa morte dell'Avv. Comm. Giuseppe Bruno, Presidente dell'Unione Provinciale Fascista Artisti e Professionisti e Segretario del Sindacato Forense, rapidamente diffusasi nella nostra città, ha suscitato profondo generale cordoglio in tutti gli ambienti in cui l'illustre Estinto era altamente stimato per le sue nobili qualità di mente e di cuore.

«Con Giuseppe Bruno scompare una delle figure più rappresentative di Palermo. Larga fu sempre la Sua attiva e nobile partecipazione alla vita pubblica, alla quale portò costantemente il contributo del Suo alto senso di equilibrio, della Sua rettitudine di sentimenti e della Sua nobiltà di propositi.

«A capo di Amministrazioni e quale Dirigente Sindacale si distinse per queste Sue preclare virtù che lo resero così largamente caro alle categorie dei Professionisti e degli Artisti della nostra città. Presidente dell'Unione Professionisti e Artisti sin dalla fondazione, Segretario del Sindacato Forense, Vice Segretario della Federazione dei Fasci di Palermo, fu saggio organizzatore e animatore di ogni Istituto affidato alle Sue direttive.

«Particolarmente nel Foro Palermitano è ricordato quel Suo squisito senso di giustizia, per cui la Sua presenza fu sempre garanzia di serenità in ogni decisione.

«Nell'amministrazione della cosa pubblica, quale Assessore Comunale, Commissario delle Acque, Presidente del Consiglio d'Amministrazione dell'Ospedale, Consigliere Governativo del Banco di Sicilia, dimostrò ognora il profondo zelo e la viva passione con cui sposava i più alti interessi, avendo uno scrupoloso senso di alta responsabilità.

«La fiducia che seppe sempre meritarsi presso le superiori Gerarchie per avere ricoperto con dignità le più delicate cariche fasciste e sindacali della Provincia, costituì il premio più ambito dalla Sua disinteressata e fervida opera di Gerarca.

«Il lutto che colpisce la Sua famiglia è perciò lutto stesso della grande famiglia dei Professionisti e Artisti di Palermo, dalla quale sarà sempre ricordato come un esempio e una guida da seguire.

«Attorno alla Salma si inchinano oggi i gagliardetti del Fascismo e del Sindacalismo palermitano; così come attorno alla Sua memoria si raccoglie il commosso pensiero di quanti Lo conobbero ed ebbero modo di apprezzarne le nobili virtù.

«Le onoranze che oggi saranno solennemente rese a Giuseppe Bruno costituiranno la più alta testimonianza di questi sentimenti.

«Fin da ieri sera la Salma, composta in una camera ardente presso l'Unione Professionisti e Artisti, è stata meta di un intenso pellegrinaggio da parte delle principali Autorità e Gerarchie Fasciste e Sindacali, nonché di larghissime rappresentanze delle categorie dei Professionisti e degli Artisti.

«Trasportata nel tardo pomeriggio di ieri nella sede dell'Unione, la Salma è stata vegliata durante la notte dai Giovani Fascisti, e dalle ore nove del mattino tutti i rappresentanti dei Sindacati di categoria dei Professionisti ed Artisti renderanno a turno la guardia fino al momento del trasporto.

«Ai funerali parteciperanno le Autorità e le Gerarchie e tutti i Sindacati di categoria con a capo i gagliardetti, i Segretari e Presidenti dei singoli Direttorii.

«I Camerati interverranno alle esequie in divisa fascista.

«Il corteo funebre, muovendo da via Caltanissetta alle ore 16, percorrerà le vie Libertà, Ruggero Settimo, Cavour e via Roma. Presso l'abitazione dell'Estinto, in via San Cristoforo, la Salma sosterà qualche minuto, perché i presenti rendano omaggio alla casa natale di Giuseppe Bruno. Il corteo si scioglierà in piazza Giulio Cesare (Stazione Centrale) col rito fascista.

«La Confederazione Professionisti e Artisti, appresa la ferale notizia, ha subito voluto esprimere i sensi del suo profondo dolore, dando anche le disposizioni per la diretta partecipazione alle esequie e facendosi rappresentare dal Gr. Uff. Gennaro Vitelli, Presidente dell'Unione Professionisti e Artisti di Messina.

«Unitamente alle onoranze per il compianto Comm. Avv. Giuseppe Bruno, si svolgeranno i funeri del Rag. Antonino Speciale, addetto alla Segreteria del Sindacato Forense, anch'egli improvvisamente mancato ieri all'affetto dei Suoi cari e alla stima di quanti l'apprezzavano nell'ambiente forense.

«Anche la Salma del Rag. Antonino Speciale è stata composta in una camera ardente dell'Unione Professionisti e Artisti e vegliata da Giovani Fascisti e Vigili Urbani ».

Questa cronaca, assieme a quella dell'indomani che descriveva i solenni « funeri », il giudice aveva messo in una cartellina cui aveva apposto la dicitura « insussistenza (non esistenza) dei reati di cui alla seconda sezione della Corte d'Assise di Palermo è demandato il giudizio su colui che ne è imputato »; e gli sarebbe piaciuto, nella triste celia, andar oltre, inserire la cartellina tra gli atti del processo, fantasticando una possibile, impossibile, incriminazione del giornale, del cronista. E a quale « voce » del diritto, propriamente o per analogia, si poteva ricorrere per incriminarli? Fantasie: cui il giudice spesso si abbandonava, vagheggiamenti e vaneggiamenti giuridici dentro un andar delle cose che, magari lasciando intatta la lettera, del diritto devastava la sostanza.

Nella cronaca che da quella cartellina abbiamo estratta, c'era un solo punto che si poteva dire un ammiccamento, un segno d'intesa, del cronista al lettore, del servo volontario al servo involontario: ed era la parola *ferale*, di cui, a filo di vocabolario, con le gerarchie si sarebbe potuto scusare per il solo significato che ha di luttuosa, di funesta, e innegabilmente, e pleonasticamente, ogni morte lo è: ma non uno, tra i lettori, che non gli desse la significazione del cupo, violento e sanguinoso fatto che si voleva nascondere.

Cominciando il processo, già alla prima udienza il giudice, baluginante fantasia ma insistente, infantile e suscitata dalle tante fiabe, ilari a volte, a volte spaventose, da cui la sua infanzia era stata segnata, cominciò a dirsi che sarebbe stato bello possedere la facoltà, il magico dono, di rendere invisibile l'imputato. Non se lo diceva, a voler essere esatti: era un qualcosa di vago, di sfuggente, che da un mondo di memoria e di sogno, di memoria che si fondeva al sogno, sfiorava per un momento i suoi pensieri o per un momento vi si intrideva. E a volte era soltanto il baluginare di un oggetto: un anello. Da girarselo al dito: e quell'uomo sarebbe svanito dalla gabbia, dentro cui stava a discorrere quietamente, ad ogni pausa del processo, coi due carabinieri. Sicché a volte il giudice si sorprendeva, irridendosi, a girarsi al dito l'anello matrimoniale.

Quell'uomo gli dava terribile disagio: quasi che, sollecitandolo nell'istinto e a momenti insopportabilmente acuendoglielo, gli impedisse quel colloquio con la ragione cui era abituato. E l'istinto era quello di cancellarlo: come da un disegno in cui una rappresentazione allegorica della vita, anche di quel che la vita ha di terribile, delle passioni, della violenza, del dolore, trovasse in quella figura un eccesso di realismo e se ne squilibrasse. Un'incongruenza. Un errore.

Ma il disegno da cui cancellarlo e il magico anello con cui renderlo invisibile, erano, lo sapeva bene e se ne rodeva, traslazione, alibi, fuga da quella parola e da quel giudizio che la legge per quell'uomo gli imponeva. L'istinto, insomma, se vi si cedeva, altro non sarebbe stato che un consegnarsi al sentire ammantato di dottrina in Rocco, senza schermi e subitaneo in coloro che quando la pena di morte non c'è dicono che ci vorrebbe e quando c'è vorrebbero che toccasse non solo agli omicidi, ma anche ai rapinatori, ai borsaioli e ai ladri di polli: e particolarmente nel caso in cui i derubati son loro. Ma c'era anche da sospettare, in coloro che erano per la pena di morte, qualcosa di simile a un primordiale e larvale estetismo. Doppiamente: e nel voler la vita liberata, nettata, da ogni estrema abiezione umana, e cioè da coloro che per abiette passioni, per abietti interessi e in abietti modi uccidendo (l'inganno, il tradimento), son da considerarsi indegni di viverla: e per la contemplazione, a volte cosa vista, di solito immaginata, di quell'impartire la morte con ordinata e rituale violenza, con regole efferate ma riguardose: puro spettacolo, quasi finzione, se in coloro che l'impartiscono si suppone non agisca altro sentimento che quello di *darla bene*, e in chi la riceve quello di accettarne l'ineluttabilità *comportandosi bene*. Il sublime delle anime ignobili, insomma: come diceva Stendhal paragonando gli strazi dipinti dal Pomarancio e dal Tempesta in una chiesa romana allo spettacolo della ghigliottina in azione. Ed ecco: da qualcosa di ignobile, ad ogni udienza, il giudice si sentiva a momenti attraversato; una contrazione, un'intermittenza, una sospensione, come nei sogni, che vertiginosamente gli dava l'orrore e il fascino del vuoto, dell'abisso. Non durava, ma gliene durava l'inquietudine. Gli era toccato un caso in cui un uomo, anche il più giusto e sereno, il più illuminato di quella che i teologi chiamano la Grazia e quelli senza teologia chiamano la Ragione, deve fare i conti con la parte più oscura di sé, la più nascosta, la più ignobile appunto.

C'era poi, a turbarlo visceralmente, di un orrore che sentiva nella carne oltre che nella mente, il pugnale: «corpo del reato» che stava in un angolo del tavolo su cui il cancelliere scriveva, scriveva – senza mai alzare la testa, incanutito, le lenti spesse come fondi di bottiglie: e pareva non che producesse scrittura, ma che la scrittura lo producesse come una escrescenza. Posato su un pezzo di giornale di cui il giudice, dall'alto della sua scranna, leggeva il più grosso dei titoli – *Il Duce a Franco nel primo annuale della sua nomina a Capo dello Stato Spagnolo* – il pugnale, in cui le tracce di sangue eran diventate ruggine, gli richiamava le parole dell'imputato nel primo interrogatorio, quello del commissario di polizia: «Avevo ideato precedentemente gli atti inconsulti che ho commesso oggi, tanto che nel periodo in cui non mi fu più corrisposto lo stipendio comprai cinquanta cartucce per la rivoltella... comprai pure un coltello da caccia... e pure nello stesso periodo feci arrotare una baionetta che tenevo a casa, da un arrotino della via Beati Paoli» (nome il più adatto, pensava il giudice, per una strada in cui fare arrotare un pugnale: arma di cui quella leggendaria setta faceva frequente e – secondo le persone della stessa estrazione dell'imputato – giustissimo uso). Deciso ad attuare la strage che aveva «ideato» (tutta la pratica che aveva con avvocati e magistrati non valse ad avvertirlo che stava confessando la premeditazione), quella mattina aveva ritirato dall'arrotino, pagando una lira, la baionetta: che non era stata semplicemente affilata, ma accorciata alle dimensioni di un pugnale; e se l'era infilata nella cintura dei pantaloni, nelle cui tasche aveva già una pistola e venticinque cartucce. Ma l'arma che aveva scelto per uccidere era il pugnale; la pistola, disse poi, l'avrebbe usata per uccidersi.

Perché il pugnale? Guardandolo sul tavolo del cancelliere, levando poi lo sguardo all'imputato, il giudice si rispondeva con la definizione che era già in un libro, in un libro che mai avrebbe letto, di uno scrittore di cui forse colse il nome, soltanto il nome, negli ultimi giorni della sua vita: «È più di un semplice oggetto di metallo; gli uomini lo pensarono e lo forgiarono a un fine ben preciso; è, in qualche modo eterno, il pugnale che ieri notte ha ucciso un uomo a Tacuarembó, e i pugnali che uccisero Cesare. Vuole uccidere, vuole colpire inaspettato, vuole spargere sangue ancora palpitante». Identico pensiero, cui però il giudice dava più parole e apriva in un ventaglio di grevi immagini, di ricordi, che gli appartenevano così come gli apparteneva l'aver sofferto per un anno intero di febbri malariche e il portarne le conseguenze. Gli arditi che arrivavano al fronte per una qualche azione notturna e tutta affidata al silenzio e alla sorpresa, sola arma il pugnale. Lo scatto delle cesoie che tagliavano i reticolati e che pareva si dilatasse ed echeggiasse come un allarme nell'oscurità della notte, e qualche volta davvero era allarme nella trincea nemica, sicché gli arditi che strisciando vi si avvicinavano, il fuoco improvviso dei fucili e delle mitragliatrici li accoglieva. Ma le azioni di solito riuscivano: e quando gli arditi tornavano e la fanteria si muoveva – cento metri, duecento – ad occupare la trincea nemica conquistata, ecco gli imberbi soldati austriaci pugnalati nel sonno o nell'improvviso, allarmato risveglio. Era una visione, di quei soldati riversi, un rivolo di sangue dalla bocca, che la luce dell'alba lentamente rivelava: una delle cose più atroci della guerra, per l'imberbe soldato italiano che nell'autunno del 1917 alla guerra era stato chiamato. E ancora: quel canto delle squadre fasciste che finiva con la promessa di « bombe, bombe / e carezze di pugnal ». E le pugnalate a Matteotti.

« Carezze di pugnale »: e come si può arrivare ad accettare, ad aiutare, a plaudire una fazione che le promette a quelli che vi si rifiutano?

Si poteva anche formulare una ipotesi « poliziesca », che da un lato aggravava la premeditazione, dall'altro sollevava il beneficio del dubbio sulla perversità, che appariva profonda, insondabile, refrattaria, dell'imputato. Ed era questa: che l'uso del pugnale gli fosse stato dettato dal calcolo invece che, appunto, dalla perversità, dal voler sentire da vicino, in una sorta di micidiale intimità, il piacere di uccidere. Avendo « ideato » tre omicidi, in luoghi ed ore diverse, poteva aver calcolato che lo sparo, al primo o al secondo, avrebbe potuto richiamare quell'attenzione che gli impedisse di far completa la strage « ideata ». Poteva usare la pistola per il terzo, ma gli si poteva concedere che avesse anche « ideato » il luogo in cui suicidarsi e che dunque gli occorresse un po' di tempo per raggiungerlo. Ma questa ipotesi bastava che il giudice posasse su di lui lo sguardo perché svanisse. Forse l'aveva pensato che, una volta consumata la strage, altro non gli restava che il suicidio. Ma non fermamente, come un giudizio piuttosto che riguardasse l'azione e la sorte di un altro, distaccato da sé, dal suo essere, dal suo esserci. Ad un altro che avesse fatto quel che lui aveva fatto, la sola porta aperta era il suicidio: ma su quei tre morti lui forse si vedeva come in una di quelle stupide fotografie da giornata di caccia. Aveva portato a compimento la strage; e nel mondo di là le sue vittime sapevano qual prezzo si pagasse a mettersi contro di lui – o almeno lo avevano saputo nel momento in cui morivano. Nella gabbia, tra i due carabinieri, non dismetteva mai espressioni e atteggiamenti che erano al tempo stesso spavaldi e servili. E queste espressioni, questi atteggiamenti, muovevano il giudice a cercargli qualcosa di simile a quelle che il codice chiama «attenuanti generiche». Nel suo essere spavaldo e servile, quell'uomo si poteva considerare il prodotto di un ambiente, quasi di una città intera, in cui ai servi era permessa più spavalderia che ai padroni. «Metropoli della Sicilia, sede del Re, illustre del titolo di Arcivescovado, celeberrima presso tutti gli scrittori sì antichi che moderni per l'amenità del sito, l'ampiezza, l'eccellenza dei cittadini...». E questo era il punto della remora, l'alienazione, l'*impasse*: l'eccellenza dei cittadini. Duemila all'incirca famiglie nobili, e molte di improbabile nobiltà, vi si erano concentrate nel secolo XVIII: e su 102.106 «anime», sottraendo i padroni, che anime volete siano le altre, se non di servi?

Nel sottobosco avvocatesco e giudiziario in cui tutto, in una simile città, si annoda indefinibilmente – coefficiente, numero puro, ad ogni misura e misurazione sfuggente – l'imputato aveva innegabilmente avuto un potere. La sua vita, in quegli anni in cui sacre erano considerate le contabilità e sacro il matrimonio, non si poteva dire irreprensibile; e tutt'altro che mite era, tra i pari, il suo temperamento. Ma era stato insignito della croce di cavaliere della Corona d'Italia; e godeva della stima, che si può anche dire familiarità, di magistrati, avvocati ed artisti. E chiamati a testimoniare a suo favore, i più di costoro si mantennero cauti: che non avevano da lamentarsene, essendosi con loro comportato sempre «con deferenza». Ma al podestà di Palermo toccava ammettere qualcosa di più, perciò adduceva il pondo della sua carica, dei suoi carichi, per evitare la testimonianza in aula. Ma la Corte spiccò ordinanza a che si presentasse: e fu il primo segno che, dal podestà in su, la gerarchia, quella che i russi pare chiamino «nomenclatura», non la impressionava per nulla. E il podestà salì sulla predella dei testimoni, giurò, ammise che all'imputato si rivolgeva col «carissimo», che gli dava del tu, che aveva insistito per averlo nell'albo d'onore dell'ONMI, che era l'Opera Nazionale di protezione Maternità ed Infanzia: il che suonò in aula piuttosto macabro, considerando che l'imputato aveva pugnalato la madre dei suoi figli. E non solo dell'ON-

MI, per espresso e insistente desiderio del podestà, l'imputato era stato socio, ma anche della Società Protezione Animali, della Croce Rossa Italiana, dell'Istituto Artistico Nazionale per la Moda, dell'Istituto Coloniale Fascista, dell'Associazione Nazionale Inquilini, dell'Associazione Nazionale Volontari di Guerra « Azzurri di Dalmazia »: o per contentare persone che, come il podestà, lo volevano con loro; o per il maniacale gusto di associarsi, di tesserarsi. E non sappiamo se fosse propriamente socio della Società Siciliana per la Storia Patria, il cui presidente gli aveva indirizzato la nomina a ispettore del Museo del Risorgimento: « Conoscendo i sentimenti patriottici che animano V.S., le resterei grato, anche a nome del Consiglio Direttivo, se volesse assumere l'incarico ». Era stato presente in tante cose, insomma; e aveva avuto tanti amici. E di questa sua inclinazione all'amicizia, attiva, fervida, presumibilmente non infruttuosa, le vere porte aperte della città essendo quelle che soltanto l'amicizia apriva, tra le tante carte dell'istruttoria il giudice ne ricordava una che vi si soffermava: forse un rapporto dei carabinieri. I carabinieri! Quei loro rapporti di dubitante ortografia, senza grammatica, senza sintassi, con frasi curiosamente toscaneggianti o auliche, che parevano venir fuori da ricordi danteschi e del teatro d'opera (e ogni tanto la parola che affiorava dai dialetti meridionali che tentavano di travestire e di conculcare): quei rapporti erano – pensava il giudice – le sole verità che in Italia corressero. Non tutti e non sempre, si capisce: ma quasi sempre e quasi di tutti ci si poteva fidare. Anche a vederli, i carabinieri gli davano una certa sicurezza: infantilmente. Memoria, forse, di quel gioco infantile in cui il mondo apoditticamente si divideva in ladri e carabinieri, e malvolentieri si accettava la sorte di giocare il ruolo dei ladri. E anche nell'aula del processo – squallida, di avara luce, ogni cosa consunta e madida da far temere un qualche contagio, nello stagnare di un tanfo che faceva pensare alle vite degli inquisiti che vi si erano macerate, al macerarsi e muffire di carte che maceravano altri umani destini – anche in quell'aula i due carabinieri in alta uniforme che gli stavano alle spalle gli davano un senso di sicurezza e, se si voltava a guardarli, di riposo, di ricreazione visiva. Il blu, il rosso, l'argento: colori vivi, in quell'aria smorta e pulverulenta. E si confessava di avere un debole per l'alta uniforme dei carabinieri: sempre infantilmente ma, da adulto e da giudice, aggiungendo l'amara battuta che era difficile accadesse, o perlomeno difficile da immaginare, che carabinieri in alta uniforme stessero a torturare i propri simili.

Dei tanti amici che aveva avuto, dei tanti parenti che aveva aiutato, delle tante persone che gli avevano manifestato stima e che, specialmente negli ultimi tempi, avevano cercato di aiutarlo a non fargli perdere il posto, l'imputato ascoltava ora testimonianze guardinghe, che talmente lo allontanavano dalla loro vita che pareva facessero uno sforzo per ricordarsi di averlo conosciuto. E in tale atteggiamento giocavano, secondo la condizione sociale di ciascuno, due sentimenti: uno alquanto ignobile, dettato dalla paura di compromettersi politicamente; l'altro di un istintivo repugnare e discostarsi da un uomo che si era rivelato, in quei tre omicidi che avevano tutta l'apparenza della fredda premeditazione, «una belva», per come gli avvocati di parte civile tuonavano (e *La belva umana di Palermo* sarà poi il titolo del ricorso in

Cassazione dell'avvocato Filippo Ungaro). Inutile dire che dei due sentimenti il primo più giocava nelle persone che, a compromettersi politicamente, rischiavano di perdere qualcosa; e il secondo, nella quasi assenza del primo, nelle persone che pochissimo o nulla avevano da perdere e soltanto sentivano orrore per «la belva».

Benché i giornali di nulla avessero informato, luogo, tempo e modo dei tre omicidi si conoscevano minuziosamente; e anche con qualcosa in più o con qualcosa data per certa che era invece, se non di immaginazione, di dubbio.

Nell'assassinio della moglie, un particolare che al giudice dava dubbio e che, comunque lo si risolvesse, molto inquietava, per la gente era diventato sicuro e tremendo: prima di pugnalarla, l'imputato aveva fatto dire alla moglie le preghiere, per così dire, della buona morte. Ma conviene che almeno sommariamente si riferiscano i fatti.

Dopo aver ritirato dall'arrotino il pugnale, l'imputato aveva preso a nolo un'automobile, una Balilla precisamente, ed era tornato a casa per dire alla moglie che stava andando a Piana degli Albanesi (che il fascismo, sciocamente, aveva ribattezzato Piana dei Greci) a trovare i figli che da parenti erano ospitati. La moglie, sosteneva l'imputato, volle accompagnarlo: ma secondo l'accusa, e credibilmente, fu lui ad invitarla al viaggio, se aveva già «ideato» la strage e si portava dietro il pugnale. Durante il viaggio, come al solito, litigarono; e poiché, innervosito, lui aveva avuto uno sfaglio nella guida e un parafango si era ammaccato, scesero dalla macchina e, la moglie continuando a inveire, ecco «l'atto inconsulto». Ma come piuttosto incredibile era che la moglie si fosse imposta ad accompagnarlo, incredibile del tutto era che le cose fossero andate per come l'imputato le raccontava: il noleggiatore testimoniava che nei parafanghi non un segno di ammaccatura c'era; e un contadino di Piana aveva riconosciuto nella morta la donna che aveva visto pregare davanti a un tabernacolo della strada. Quella donna ben vestita, inginocchiata a pregare mentre un uomo ben vestito, a poca distanza, stava a passeggiare vicino ad un'automobile, lo aveva colpito: e sentendo poi parlare del cadavere che in quella contrada era stato rinvenuto, si era recato alla stazione dei carabinieri di Piana per raccontare quel che aveva visto. Ma l'imputato negava: o perché davvero si era comportato da giudice e da boia, annunciando alla moglie la sentenza di morte e dandole modo di mettersi in regola con l'aldilà (era uomo molto devoto, anni prima da un monsignore, sotto-ciantro della cattedrale, aveva fatto consacrare la propria famiglia al Cuore di Gesù); o perché gli pareva che quel particolare, di una donna che s'inginocchia a pregare in una strada di campagna, più credibile rendeva la rassegnazione e meno la ripresa del litigio; o perché gli pareva che l'averla uccisa subito dopo averla vista in preghiera rendesse comunque il suo atto più grave ed efferato. O per le due ultime considerazioni insieme: tra le quali il giudice oscillava, volendo tormentatamente escludere quel che la gente dava per certo: che aveva crudelmente comunicata la sentenza alla moglie, le aveva crudelmente offerta quella *chance* ultraterrena, l'aveva crudelmente pugnalata.

Del secondo omicidio, impressionava la fredda ipocrisia, la menzogna, il tradimento con cui il povero ragioniere Speciale era stato attirato nella trappola mortale. Era andato a cercarlo a casa, con volto amico e credibile pretesto per recarsi insieme in ufficio: e lì, faccia a faccia, lo aveva pugnalato, facendo poi in modo, secondo l'accusa, che chiudendo da dentro la porta dell'ufficio e uscendone da non si sa quale altra porta o finestra (dal verbale la descrizione topografica risultava piuttosto confusa), la scoperta del cadavere si ritardasse di quel tanto che gli permettesse di cogliere l'avvocato Bruno ignaro di quel che nell'ufficio era accaduto. Ma oltre che un calcolo, l'uccidere lo Speciale in quell'ufficio dove, credeva, con subdole mezzanerie e aizzando l'avvocato Bruno, era stato assunto a sostituirlo, era nella sua mente parte di un disegno quasi simbolico, quasi rituale. Ma nonostante l'ora che faceva deserti gli uffici, qualcuno c'era: e al grido dell'uomo colpito a morte, su per le scale era accorso, e si era imbattuto nell'imputato che ne scendeva; e costui, al chiedere degli altri che cosa fosse accaduto, aveva con noncuranza risposto: « Un pulcinella » così come Amleto, uccidendo Polonio, dice: « Un topo ».

E non dalle carte istruttorie, dove era già

stato registrato, ma dalle testimonianze in aula, l'episodio segnò per il giudice un quasi inavvertito avvicinamento all'imputato: grazie all'affiorare improvviso, automatico, in un certo senso gratuito, della battuta di Amleto. La materia sordida di quel processo, l'atroce e sanguinolenta miseria dei fatti, cominciò a sollevarsi e a configurarsi in tragedia. Perché negargli la tragedia, se le passioni eran quelle, se il fantasma della disperazione gli era apparso a rivelargliele, a chiedergliene vendetta?

Solo che fantasmi simili la legge non li ammette; e nemmeno li avrebbe ammessi nel caso di Amleto, se Amleto si fosse trovato a livello delle leggi e non al di sopra: il che, ricordava il giudice, era la differenza che un suo professore, parlando dell'Alfieri, poneva tra la tragedia e il dramma: tragedia quel che avveniva in una sfera in cui la legge non poteva, dramma quel che al vigore e rigore della legge era sottoposto; differenza non esauriente, limitativa, ma scolasticamente abbastanza proficua. La legge soltanto un fantasma ammette: ed è quello della follia. Soltanto allora si ritrae dal fatto criminale, non giudica, abbandona il giudizio allo psichiatra e lascia che la pena, astrattamente – poiché in concreto è tutt'altra faccenda – sia cura.

L'avvocato Bruno era, a Palermo, uomo d'autorità e di prestigio; e anche benvoluto e stimato. I suoi funerali, alla cui spettacolare solennità fu ammesso il feretro del povero ragioniere Speciale ma ne fu accuratamente escluso quello della prima vittima, erano stati una dimostrazione dell'unanime affetto e cordoglio della città, di quanto la città unanimemente esecrasse l'autore di quegli atroci delitti. Chiamati poi dalla Procura alla difesa d'ufficio dell'imputato, alcuni avvocati si erano rifiutati di assumerla dandone motivo nell'amicizia che al compianto avvocato Bruno ora in accorato ricordo li legava. E come mai, dunque, quando l'imputato riuscì a trovare l'avvocato, come si suol dire, di fiducia, costui non si mosse a invocare un provvedimento di «legittima suspicione», e cioè che il processo venisse trasferito a una Corte d'Assise lontana da Palermo? E come mai, ammettendo si fosse in ritardo per chiedere la «legittima suspicione», al cominciare del processo dibattimentale non fu chiesta per l'imputato la perizia psichiatrica? Nel ricorso in Cassazione, dirà poi l'avvocato Ungaro: «Va tenuto presente che i difensori, durante il dibattimento, mai avanzarono richiesta di perizia psichiatrica, dando evidente prova che essi per primi erano sicuri che l'imputato aveva sempre conservata intatta la capacità di intendere e di volere». Buona argomentazione di avvocato avversario: ma effettualmente non valida a spiegare la dimenticanza o l'omissione di un'istanza così ovvia, così elementare, in un processo di quel tipo. Quale che sia il giudizio che l'avvocato nutre *in pectore* nei riguardi dell'imputato che ha accettato di difendere, il suo dovere è appunto quello di difenderlo con tutti i mezzi che la legge gli consente.

Il fatto che, andando avanti il processo, la perizia psichiatrica non venisse richiesta, e considerando che l'imputato, avendo frequentato il mulino giudiziario e avvocatesco, di diritto si sentiva infarinato, diede al giudice la quasi certezza che per decisione sua i difensori non la chiedevano. Contorto, feroce e disperato amor proprio: incontrollabile ormai. «L'amor proprio vive di tutti i contrari ... Passa persino al partito dei propri nemici, partecipa ai loro disegni, e – cosa mirabile – odia se stesso con loro, congiura alla propria perdita, lavora alla propria rovina: insomma, non si preoccupa che di esserci e, pur di esserci, s'adatta persino ad essere il nemico di se stesso». Cosa mirabile, dice La Rochefoucauld: e togliendo al mirabile il senso della meraviglia, dello stupore, il giudice gli conferiva quello del guardar bene, dell'attenzione, dello scrutare: da parte, appunto, dello psichiatra. Ma se l'imputato, nella sua follia, rifiutava di essere relegato nella follia, la difesa ugualmente avrebbe potuto avanzare la richiesta, dovuto anzi: a costo di entrare in conflitto con lui e di esserne ricusata. Ma anche la difesa, forse, aveva della follia una nozione del tutto comune e banale: la follia priva di metodo, priva di calcolo, inconseguenziale; mentre ci sono follie in cui è soltanto il primo anello che non tiene, e tutto il resto vi è metodico, calcolato, conseguenziale: e il primo anello è di solito quello dell'amor proprio che si è consegnato al suo nemico.

«Bisogna anche considerare» pensava il giudice «che o rifiutata dall'imputato o trascurata dalla difesa, l'istanza della perizia psichiatrica, anche se la Corte l'accogliesse, nel solo avanzarla, qui ed ora, solleverebbe nello schieramento d'accusa e nell'opinione pubblica un rabbioso dileggio e ne pregiudicherebbe l'esito... Ma il fatto è che a quest'uomo vengono meno i due elementi che avrebbero dovuto reggerne la difesa: la "legittima suspicione", che evitando di così chiamarla l'avvocato difensore spesso la protesta come "atmosfera di passione arroventata", e la perizia psichiatrica». Così, meditando sull'andamento tecnico di quel processo e ricollegandone certi momenti alla memoria di cose lette o sulle cose lette pensate, il piccolo giudice impercettibilmente si avvicinava all'imputato, alla sua contorta e feroce umanità, alla sua follia; se lo rendeva insomma, com'era suo dovere, penosamente visibile.

Che in ciò avesse parte la sua avversione al fascismo (anche se rifiutava di considerarsi antifascista, al fascismo soltanto opponendo la sua dignità nel pensare e nell'agire), era problema che un po' lo travagliava. Non poteva non pensare che se una delle tre vittime fosse stata, invece che l'avvocato Bruno, un cognato dell'imputato (anche da prima si detestavano) o un qualsiasi altro impiegato dell'ufficio, il processo sarebbe andato avanti aseticamente e come di *routine*, pur sempre involgendo, per lui, il problema di non arrivare alla pena capitale. Ma l'avvocato Bruno apparteneva a una corporazione e ne era, in provincia, il massimo rappresentante: impossibile che la corporazione non si levasse, con tutto il suo potere, con tutti i suoi mezzi, a che il massimo della pena cadesse sul colpevole: ci fosse o no il fascismo. Ogni corporazione reagisce esasperatamente ad ogni attentato alla propria sicurezza, anche a quegli attentati che si possono dire d'opinione; e figuriamoci a un attentato criminale, e da parte di una corporazione che, come quella degli avvocati (o dei giudici), nelle leggi sta di casa. Del tutto naturale e spontaneo, dunque, lo schieramento corporativo contro l'imputato: e lo si sarebbe avuto anche in un sistema di libertà. Si apparteneva invece al fascismo, era fascismo, l'idea che alla sua esistenza e sicurezza e difesa la pena di morte fosse come connaturata, sospesa su tutto ciò che potesse rivolgerglisi contro e pronta, al di qua o al di là del giudizio, a cadere su ogni persona che comunque l'offendesse. Così la pena di morte era rientrata, dopo circa quarant'anni, nella legge italiana: per la difesa dello Stato fascista; e si era arrivati a darla a chi aveva l'intenzione, soltanto l'intenzione, di attentare alla vita di Mussolini. Era poi stata estesa ai più gravi delitti non politici: ma le restava quell'impronta. Per cui il solenne funerale deciso dalle organizzazioni di denominazione fascista, e dal partito stesso, e poi il costituirsi parte civile dell'onorevole dottor Alessandro Pavolini, a nome e nell'interesse della Confederazione Fascista Professionisti e Artisti, erano già, per l'imputato, sentenza di morte; la Corte d'Assise soltanto chiamata a darle forma, apparato. E in ciò il giudice riconosceva che la sua avversione al fascismo avesse gioco, giustamente; ma cercava di contenerla dicendosi che non era del tutto vero, se lui si trovava a giudicare in quel processo e a fare i conti soltanto con la propria coscienza, con la propria «degnità». Ma sentiva, ogni giorno di più, come una indefinibile (definibilissima) minaccia, un senso di isolamento, un crescere della sua solitudine. E una domanda della moglie gliene aveva dato un senso doloroso e quasi ossessivo. Mai tra loro si era parlato del suo lavoro, di quel gravame di carte e di scrupoli che lui si portava anche a casa, nelle ore che passava chiuso nel suo studiolo, tra i suoi libri. E lo sorprese un giorno, a tavola, l'improvvisa domanda: «Lo condannerete?». E certo intendeva chiedere se lo avrebbero condannato a morte. Temendolo, voleva credere. Ma il dubbio che, come tutti, ritenesse giusto gli dessero la morte e che ogni altra condanna le sembrasse un'assoluzione, si insinuò a roderlo, anche perché dalla sua risposta: «Certo che lo condanneremo» la moglie sembrò rasserenarsi, appagarsi.

Ma c'era, nella giuria che era sortita eletta per quel processo, in qualcuno dei giurati (la legge voleva ora che si chiamassero assessori), un qualche segno, appena percepibile, di umana tenerezza. Non verso l'imputato, ché nessuno poteva mai riuscire a provarne; ma verso la vita, le cose della vita, l'ordine e il disordine della vita. Ben altro che l'omosessualità c'è tra gli uomini per cui nella sensibilità, nell'intelligenza, nei pensieri, ai pochi felici, ai pochi infelici, è dato di incontrarsi, di riconoscersi, di scegliersi: come gli omosessuali in una pagina di Proust famosa.

Cinque giurati effettivi, uno supplente. Tre di loro, commercianti, gli si leggeva la preoccupazione dell'attività che per il processo avevano lasciato in mano altrui; e qualche volta ne facevano lamento. Degli altri, uno era impiegato municipale, uno professore di latino e greco in un liceo, uno agricoltore. Effettivi questi tre e due dei commercianti, uno dei quali, benché sembrasse distratto e come intento a seguir da lontano quel che in sua assenza avveniva nel magazzino di generi, come allora si diceva, coloniali, cui moglie e figlio stavano a badare, aveva buon orecchio e sottile giudizio anche per quel che avveniva in aula. Ma erano attenti anche gli altri quattro, dimessamente attenti; e sagaci. Una certa disattenzione e insofferenza, ogni tanto uno sbuffo di noia, era invece del supplente: che si sentiva inutile e come costretto a star lì dal capriccio del presidente.

Con tre di loro – il commerciante di generi coloniali, l'agricoltore e il professore – il giudice aveva stabilito un rapporto di simpatia, un afflato, un'intesa: al di là delle poche parole che ogni giorno si scambiavano e sarebbe anzi da dire attraverso i silenzi che, con gli sguardi, ogni tanto, nel corso delle udienze e nelle riunioni in camera di consiglio, si scambiavano. E particolarmente con l'agricoltore: che aveva adusta faccia da contadino, grandi mani da contadino, proverbi e metafore da contadino; ma un giorno il giudice lo sentì parlare col professore del codice del *Dafni e Cloe* alla Laurenziana, e della macchia d'inchiostro che vi aveva lasciato Courier. Il nome di uno scrittore, il titolo di un libro, possono a volte, e per alcuni, suonare come quello di una patria: e così accadde al giudice sentendo quello di Courier, sul cui volume delle opere complete, trovate nel solaio di un parente che non sapeva che farsene, aveva cominciato a compitare francese e ragione, francese e diritto. Accadde poi un giorno, quando il processo stava per finire, che rientrando a casa il portiere gli consegnò una busta che pareva contenesse un cartone: grande, chiusa, senza il suo nome né quello di chi l'aveva portata o mandata. «Mi ha detto che era per lei, ma non ha voluto dirmi da parte di chi... Ho insistito: ma mi ha detto che lei sapeva». E come per scusarsi: «Mi è parso un buon cristiano... Alto, una faccia da contadino; e vestito come i contadini quand'è festa». Il portiere, come tutti quelli nati in un angiporto palermitano, aveva un certo disprezzo per i contadini, anche se li considerava, più per semplicità di mente che per vissuta religione, buoni cristiani. Il giudice capì. E il buon cristiano gli parve, quando aprì la busta e vide, una definizione che davvero si attagliava a chi l'aveva portata: tra due cartoni c'era una vecchia silografia popolare, soltanto quella. Non un biglietto, non una parola. L'immagine era di una Madonna, che due angeli coronavano, tra due santi; e uno dei due era inequivocabilmente san Giovanni. Aereo e circonfuso di raggi, il gruppo; tenuto su da nuvole che, per la verità, sembravano informi pietre. Sotto erano una chiesetta, un ponte con due alberelli, quattro figure oranti tra le fiamme del purgatorio, una ghigliottina, una forca da cui pendeva un uomo e la scritta: *La pia opera delle anime dei corpi decollati*. Il giudice ricordò: si riferiva, l'immagine, ad uno dei più oscuri culti, dei più spontanei, che nella chiesa cattolica siciliana si fossero ad un certo punto manifestati: forse ufficialmente mai incoraggiati, ma certo ampiamente tollerati. La tolleranza era arrivata al punto, per le anime dei corpi decollati, che la parola «sante» si era insinuata tra le anime e i corpi, fondendosi il culto per le anime del purgatorio a quello per le anime dei decollati: «le anime sante dei corpi decollati», dicitura non ammessa e non praticata nello scritto, ma nel parlar comune e nella comune devozione dominante. E il giudice ancora ricordò, del paese in cui era nato e a cui ad ogni vacanza tornava, la piccola chiesa, molto somigliante a quella della silografia, delle Anime Sante: che doveva essere stata edificata per le sante anime del purgatorio, che eran tante per quanti nei secoli il paese aveva avuto di abitanti, nessuno ammettendo che in nessun altro luogo dell'oltretomba potesse trovarsi un suo ascendente, anche lontanissimo, che nel purgatorio; ma ad un certo punto le anime dei corpi decollati avevano cominciato a prendere avvento fino ad impadronirsene, sicché la chiesetta, che era ai margini dell'abitato, a chi vi si avvicinava in ore notturne, elargiva spaventose visioni di decollati (la testa in mano), di impiccati e comunque di spettri cui l'esser protettivi – salvaguardia di ogni violenza al passante cui apparivano – non toglieva che incutessero, appunto, spavento da far rizzare i capelli o addirittura da incanutirli.

Il movimento ad un simile culto doveva esser

cominciato nella seconda metà del secolo XVI, nascendo allora la Compagnia dei Bianchi col proposito di confortare i condannati, di pregare con loro fino al momento fatale, di continuare poi a suffragarne le anime con preghiere e messe. Considerando che prima si negava ai condannati il conforto religioso, la storia della pietà aveva fatto un passo avanti. E anche la storia della ragione, se uno scrittore palermitano, lasciando ai figli, come il Guicciardini, dei «ricordi», a quello che si avviava alla carriera giudiziaria particolarmente raccomandava di non dare la tortura, di non condannare alla frusta, di non condannare mai a morte «per qualsivoglia cosa».

Ecco che il giudice era andato a ripescarlo, nel disordine dei suoi tanti libri, il libretto degli *Avvertimenti cristiani* di Argisto Giuffredi. Scritto cinque o sei anni prima che tragicamente, nel 1591, morisse. E ritrovò subito il passo, per averne una diecina d'anni prima piegata la pagina. «So bene» diceva il Giuffredi «che questo vi parrà un riguardo stravagante»; e altro che, se poteva parere: due secoli prima del Beccaria. E come era arrivato, il Giuffredi, a quell'idea «stravagante»? Per la tortura allora più usuale, che era quella della corda, chiaramente lo dice: «perciò che oltre al pericolo in che si pone uno, confessando, di morire, si pone anche a pericolo di rompersi il collo, rompendoglisi, come l'ho veduto io talvolta, o la fune o la trave dove è attaccata: ed avvertite che oggidì è ridotto questo negozio della corda a tal termine, che dove prima non si dava corda se non con quegli indizi o testimoni, co' quali oggi, come di cose provate, si dà termine straordinario; oggi si dà corda con indizi sì leggeri, che è un vituperio...». E paventava evidentemente il Giuffredi gli effetti della tortura sugli innocenti: forse perché anche lui, subendola da innocente, e non sappiamo per quale accusa, era stato sul punto di dichiararsi colpevole; e in quanto al vituperio di darla facilmente il giudice pensò: 'come oggi, nei nuclei di polizia giudiziaria: ed è, per noi giudici, un vituperio'. E la radicale avversione del Giuffredi alla pena di morte era senz'altro conseguente a quella per la tortura e la frusta, ma forse vi si aggiungeva una ragione più angosciosamente intima: la condanna a morte, forse innocente, di una bellissima donna che in città teneva una specie di salotto letterario e di cui, giovane poeta, il Giuffredi forse era innamorato (e se no perché gli altri poeti palermitani avrebbero dedicato a lui i versi che scrissero in morte della bella donna?).

Lasciò la lettura del Giuffredi per cercare altro libro di cui improvvisamente si era ricordato: del Pitrè, sul culto delle anime dei corpi decollati. Amava molto sgomitolare, tra i suoi libri e nei suoi pensieri, il filo di estemporanee curiosità. Da quando aveva cominciato ad avere a che fare coi libri: e perciò i suoi fratelli, che sui libri stavano con più volontà e fatica, lo consideravano un perdigiorno. Ma sapeva di aver tanto guadagnato, in quelle ore o giornate perdute; e comunque ne aveva sempre tratto piacere.

Il Pitrè, ecco: venti pagine, tutto su quel culto. Ma mancava una risposta ai perché. Perché in Sicilia, perché in quel secolo, perché la contraddizione di accorrere come a feste alle cosiddette giustizie e di conferire poi santità ai giustiziati? Cominciò a rispondersi: ma noi lasciamo che ogni lettore cerchi da sé le risposte.

C'erano state un paio d'anni prima, vistosamente ordinate dal regime, le celebrazioni dei grandi siciliani: una di quelle contraddizioni in cui il fascismo spesso cadeva, nel suo dover per certe cose fare i conti con la realtà, la storia e le abitudini degli italiani. Contro i regionalismi, ma affinché certe regioni non si sentissero – come concretamente erano – dimenticate, ecco l'esaltazione di coloro che vi erano nati e che magari dell'esservi nati, grandi e men grandi, se ne erano del tutto infischiati o del luogo natio avevano dato nutrimento al peggio. La Sicilia non sapeva di avere avuto tanti grandi figli: accademici d'Italia in trasferta vennero a ricordarglielo. Ma continuò a non saper nulla di Argisto Giuffredi, la cui grandezza consisteva principalmente in un privato « ricordo » contro la tortura, le punizioni corporali pubbliche e la pena di morte: «ricordo» che, uscito da un manoscritto d'archivio nel 1896, tutt'altro che ricordato poteva essere in quel momento che di cialtronerie simili a questa, di un filosofo idealista, l'Italia abbondava: che «anche la morte si può reputare non vana, se ha dato o ridato al colpevole un'ora, un istante di quel contatto con l'infinito che egli aveva perduto». Stupendo pensiero: che a un tiranno come Falaride (si veda Diodoro Siculo) forse avrebbe suggerito l'atroce capriccio di metter subito quel filosofo in contatto con l'infinito; ma di meno atroci capricci, e dimessi, era la tirannia di Mussolini. E viene da ricordare quel *calembour* che lo scultore Marino Mazzacurati, spiritosissimo uomo, foggiò per un filosofo idealista passato poi al marxismo (ma senza mai perdere di vista, mi pare, i contatti con l'infinito): «Il Platone d'esecuzione». Che non era, purtroppo, il solo; né la discendenza si può dire finita.

Ma tornando al giudice: all'indomani dell'anonimo dono della silografia, mentre stava indossando la toga e i giurati le sciarpe tricolori, come distrattamente domandò all'agricoltore: «Conosce gli *Avvertimenti cristiani* del Giuffredi?». Il giurato, un po' emozionato, un po' confuso, rispose di sì. E per rendere più esplicito il segno il giudice aggiunse: «Ieri ne ho riletto qualche passo; e poi, anche, un capitolo degli *Usi e costumi* del Pitrè». Il giurato annuì, come approvando quelle letture.

Quella mattina l'udienza sarebbe stata un po' travagliata. La procura, come si è visto, aveva insistito perché la polizia consegnasse anche il ritratto di Matteotti che era stato trovato in casa dell'imputato. Ma una volta avutolo, per il fatto stesso di avere insistito per averlo, si trovò nella spinosa condizione di dover contestarlo all'imputato. Che forse se ne impaurì più di quanto lo impaurisse la pena che, per i tre omicidi confessati in tutta la loro «ideazione», gli incombeva: e di meglio che mentire, chiaramente e con ovvio effetto a suo danno, non trovò.

Il verbale d'interrogatorio era già stato chiuso, ma evidentemente il procuratore, che tra il sì e il no si era dibattuto, all'ultimo momento si era risolto per il sì; per cui il cancelliere, dopo aver scritto il «letto, confermato e sottoscritto», aveva aggiunto: «e prima di firmare, D.R. (domandato risponde): "È vero che presso di me poté trovarsi una fotografia di Giacomo Matteotti. Essa mi fu consegnata dal Bruno dopo molto tempo che l'episodio Matteotti era stato chiuso. In verità la consegna avvenne così: egli ogni tanto soleva darmi tutte quelle riviste e altre carte che non gli servivano più, tra le quali si trovava tutto ciò che gli arrivava: reclame di alberghi, inviti per conferenze, ecc. Un giorno fra queste carte mi passò questa fotografia di Matteotti. Io la portai a casa nel pacco delle altre carte e vi rimase dimenticata"». E il procuratore non era andato oltre: avendo raggiunto il fine che i politici non lo accusassero di insensibilità di fronte a un fatto così grave come il tenersi in casa il ritratto di Matteotti e che di insensibilità al diritto non lo accusassero quelli che al diritto erano ancora affezionati. Come a dire: ho tenuto conto del fatto, ma non posso farne un capo d'imputazione; se la sbrighino come vogliono, come possono, i giudici di Corte d'Assise. Due soli anelli di quella catena di trasmissione e scarico delle responsabilità che nell'ordine giudiziario italiano suol essere, in rapporto alla vita di colui che vi si trova inceppato, infinita; e in certi casi finendo col somigliare a quel contatto con l'infinito del filosofo idealista.

La Corte d'Assise se ne sbrigò secondo diritto: quel ritratto di Matteotti non poteva essere considerato corpo di reato; e del resto nemmeno la procura, nell'istruzione sommaria del processo, aveva rubricato come reato il fatto che l'imputato se lo tenesse in casa. Come se il procuratore, domandandone, avesse avuto una personale, privata curiosità. Che aggiungeva ancora un tratto di greve e sgradevole amoralità all'imputato, per come la parte civile opportunamente non si lasciava sfuggire. E la verità, giudici, avvocati delle due parti e spettatori del processo, sapevano benissimo qual fosse: nella sua mania di tesserarsi, di associarsi, di parteggiare per qualcosa che fosse o stesse per divenire potere, l'imputato aveva giocato come al lotto, di cui era appassionato, il numero del fascismo vacillante, del socialismo in ripresa; e nella sua mania di conservar tutto, aveva conservato anche il ritratto di Matteotti, anche quando era diventato carta perdente non solo, ma a tal punto pericolosa da perdere un uomo, da privarlo della libertà e del lavoro. Il confino di polizia; il licenziamento senza preavviso, senza indennità o pensione, dalle amministrazioni statali. E il giudice ricordava un caso a lui molto vicino: di un suo lontano parente, maestro alle elementari, che aveva perso il posto, né altro era riuscito a trovarne, per aver dato, nell'estate del 1924, una lira per il monumento a Matteotti; e ne aveva avuto, a modo di ricevuta, quel ritratto. Un uomo che, cinquantenne, si aggirava per casa silenzioso; e soltanto al nome di Mussolini, riflesso condizionato, reagiva esclamando: «Assassino, mi ha rovinato».

Tutti i giurati portavano all'occhiello della giacca il distintivo del partito fascista; ma se a ciascuno di loro, confidenzialmente, fosse stato domandato se si sentiva fascista, con qualche esitazione avrebbe risposto di sì; e se la domanda gli fosse stata fatta ancor più confidenzialmente, dentro ristretta cerchia e aggiungendo un «veramente», uno – pare di poter dire – avrebbe nettamente risposto di no, mentre gli altri avrebbero evitato il sì: e non per prudenza, ma sinceramente. Non si erano mai posto il problema di giudicare il fascismo nel suo insieme, così come non se lo erano posto nei riguardi del cattolicesimo. Erano stati battezzati, cresimati, avevano battezzato e cresimato, si erano sposati in chiesa (quelli che si erano sposati), avevano chiamato il prete per i familiari morituri. E del partito fascista avevano la tessera e portavano il distintivo. Ma tante cose disapprovavano della chiesa cattolica. E tante del fascismo. Cattolici, fascisti. Ma mentre il cattolicesimo stava allora lì, fermo e massiccio come una roccia, per cui sempre allo stesso modo potevano dirsi cattolici, il fascismo no: si muoveva, si agitava, mutava e li mutava nel loro sentirsi – sempre meno – fascisti. Il che accadeva in tutta Italia e per la maggior parte degli italiani. Il consenso al regime fascista, che per almeno dieci anni era stato pieno, compatto, cominciava ad incrinarsi e a cedere. La conquista dell'Etiopia, va bene: benché non si capisse come mai ad un impero conquistato corrispondesse, per i conquistatori, un sempre più greve privarsi delle cose che prima, almeno per chi poteva comprarle, abbondavano. E poi: perché mai Mussolini era andato a cacciarsi nella guerra spagnola e in una sempre più stretta amicizia con Hitler? E anche se si continuava a ripetere, sempre più straccamente, l'iperbole del dormire con le porte aperte, era quella porta aperta al Brennero che cominciava a inquietare: che magari non vi sarebbero affluite e dilagate le forze della devastazione e del saccheggio, ma pareva vi affluissero già e dilagassero gli stormi del malaugurio. Andava sempre peggio, insomma. E il «quieto vivere», la cui ricerca tanta inquietudine aveva dato nei secoli a coloro che vi aspiravano, cominciava a disvelarsi sempre più lontano e irraggiungibile. Il partito fascista diventava sempre più obbligante, nell'esservi dentro; e sempre più duro, nell'esservi fuori. E questa insofferenza, in gradi diversi di consapevolezza molto diffusa in tutta Italia, appunto in gradi diversi agiva nei sei della giuria, pur avendo poco a che fare col processo, se non, tenuamente, per il fatto che la pena di morte era stata sempre considerata fascista e, più tenacemente, per il fatto che la si voleva sentenziata su quel caso, su quell'uomo: e non soltanto perché i suoi delitti erano da pena di morte, ma anche perché una delle vittime aveva rappresentato il fascismo cittadino e una parte rilevante – a Palermo forse la più rilevante per prestigio se non per numero – del corporativismo fascista. Ma la corporazione, e il fascismo, si assommavano in un nome: Alessandro Pavolini, che nel processo si era costituito parte civile per conto della corporazione ed era nel fascismo, dopo la guerra d'Etiopia in cui aveva comandato una squadra di aerei denominata «la disperata», una delle figure più note. E non sappiamo se di un qualche presentimento sarà capitato di abbrividire, al Pavolini, mentre da Roma seguiva – come pare seguisse – il processo di Palermo, e poi in Cassazione, e poi in Assise di Appello: il presentimento che nel giro di pochi anni anche lui si sarebbe trovato, come voleva per l'imputato, davanti a un plotone d'esecuzione.

Ma, escludendone sicuramente uno, tutti i giurati erano, al cominciare del processo, astrattamente favorevoli alla pena di morte: per ragioni, come ben vedeva il procuratore, di porte aperte. Solo che in ciascuno l'astratto consenso subiva, nel ragionarlo, delle modificazioni e moderazioni che, se non finivano col negarlo, a negarlo si avvicinavano. Comune a tutti era l'affermazione che alcuni, per certi delitti di particolare efferatezza o di abietti scopi, *la meritassero*. Ma tra la considerazione che la meritassero e la necessità di darla, cominciava il divario delle opinioni: e soprattutto riguardavano, per alcuni, l'errore giudiziario. Quelli che continuavano ad esser favorevoli, ritenendo o improbabile l'errore, stante il modo in cui in processi simili si doveva andare alla verità, o accettandone alquanto cinicamente il rischio, si fermavano però perplessi a quella specie di confine in cui il problema finiva di essere astratto e generale e diventava concretamente particolare e personale. La pena di morte è legge, ci sono dei delinquenti che la meritano: «ma è davvero affar mio stabilire se la meritano e dargliela?». Perplessità che, in chi la sentiva, parrebbe ci volesse un sol passo per mettere in discussione l'esistenza stessa delle giurie non tecniche: e riguardava invece soltanto la pena di morte; e sarebbe bastata, ad acquietarla, che i giudici di mestiere, i giudici di toga, assicurassero dovuta e inevitabile quella pena. E bisogna qui dire che il giudice, l'uomo che sceglie il mestiere di giudicare i propri simili, è per le popolazioni meridionali, di ogni meridione, figura comprensibile se corrotto; di inattingibili sentimenti e intendimenti, come disgiunto dall'umano e comune sentire, e insomma incomprensibile, se né dai beni né dall'amicizia né dalla compassione si lascia corrompere. Come dice don Chisciotte nel liberare i galeotti: che laggiù (o lassù) ciascuno se la veda col proprio peccato, ma non è bene che quaggiù (o quassù) degli uomini d'onore si facciano giudici di altri uomini dai quali non hanno avuto alcun danno; ma se poi ci sono uomini, possiamo aggiungere lasciando don Chisciotte, che al di là o al di sopra dell'onore, hanno scelto di giudicare altri uomini, laggiù o lassù se la vedano con questo loro peccato o merito: chi, senza aver scelto di giudicare e sprovveduto, si affida alla loro conoscenza e al loro ministero, non ha niente di cui rispondere laggiù o lassù. Stato d'animo forse estensibile, da un minimo a un massimo, secondo – direbbe Savinio – lo spessore del pastrano, a tutte le giurie: ma certamente alla maggior parte dei giurati nel processo di cui stiamo a dire. E non che tale stato d'animo li rendesse disattenti allo scorrere del processo; più disattenti anzi, nella preoccupazione della responsabilità di cui alla fine si sarebbero dovuti caricare, li avrebbe resi il sentirsi giudici, come di fatto erano, alla pari di quelli togati.

La menzogna dell'imputato riguardo al ritratto di Matteotti li aveva indignati: era una seconda pugnalata – come aveva detto un avvocato di parte civile – al cuore del povero avvocato Bruno: al cuore della sua certa e limpida fede fascista; ma il parere dei giudici di toga che fosse irrilevante, nella linea del processo, il dettaglio del ritratto, acquietava in quelli che lo sentivano il timore che fuori da quell'aula, di fronte al partito cui erano iscritti, apparisse gravissimo e avesse per loro conseguenze il non aver dato importanza al fatto che, in odio al fascismo, l'imputato avesse per più di dieci anni conservato quel ritratto.

I giurati che avevano moglie, del processo quotidianamente la moglie domandava: e poiché evasivamente, con frasi smozzicate e borbottii incomprensibili, rispondevano, ecco i risentimenti e i rimbrotti. Mantenevano, i giurati, il segreto cui erano tenuti: che a non parlarne con gli amici un po' soffrivano, ma a mantenerlo con le mogli lodavano, in cuor loro, la legge che lo prescriveva. Ma si trovavano a dover farsi scudo del silenzio, o a dare vaghe risposte, anche i due giudici togati e il pubblico ministero. E tutte le domande delle donne, dirette o insinuanti che fossero, si potevano riassumere in quella della moglie del nostro giudice: «Lo condannerete?»; e cioè alla pena di morte, altra pena non sembrando loro adeguata, per uno che con tanta crudeltà aveva ucciso la moglie. Ed erano, sì, terribili gli altri due delitti: ma l'assassinio della moglie... C'era poi nelle donne di casa, che allora se ne stavano propriamente in casa con regole e abitudini che una giovane di vent'anni oggi non riuscirebbe a immaginare di sé, della propria vita, il senso che tutto fuori fosse indistintamente fascismo, che vigilanza e delazione fossero in agguato da ogni parte, a cominciare dallo sgabuzzino del portiere dello stabile, per colpire i tiepidi, i mugugnanti e, categoria al regime particolarmente invisa, gli indifferenti. E siccome ad una di queste tre categorie, o a tutte e tre secondo i momenti e gli umori, appartenevano quasi tutti gli italiani, e quindi anche i loro mariti, temevano che quel processo fosse una specie di banco di prova per scoprirli quanto meno privi di zelo: e su loro si sarebbero poi abbattute imperscrutabili sanzioni, per tutta la famiglia rovinose. E questo stato d'animo, in cui la curiosità insoddisfatta si intrideva di apprensione, era delle mogli dei giurati e, pari nella curiosità e maggiore nell'apprensione, di quelle dei giudici: restando alla sola curiosità la moglie del pubblico ministero, certa com'era che il marito la pena di morte l'avrebbe chiesta. Per lei, dunque, nessuna preoccupazione che a quel processo la carriera del marito si arrestasse e gli cadesse tal disfavore, da parte delle gerarchie tutte, da disagiargli il lavoro, la vita sociale, il corso abbastanza sereno della vita familiare. Che era quel che più precisamente le mogli dei due giudici temevano. Ma è pur giusto riconoscere che nelle donne, tenute allora fuori da tante cose (al di sopra, al di sotto), il senso della pena di morte si accampava in immagini, parole e musiche che più avevano a che fare con le loro rare e festose frequentazioni di teatri e cinema che con la realtà e la coscienza: Andrea Chénier, Mario Cavaradossi, Massimiliano d'Austria in un film americano, e così via dalla ghigliottina alla fucilazione, da incolpevoli e nobili condannati arrivando a qualche reo cui pentimento e rassegnazione conferivano quella nobiltà che il filosofo idealista diceva «contatto con l'infinito».

«Non parlare di corda in casa dell'impiccato; e nemmeno in casa del boia» dirà una diecina d'anni dopo uno scrittore polacco; e si può dire che il parlare allora di quel caso, da quelli che vi erano vicini o vicinamente lo sentivano, era un po' come stare al tempo stesso in casa dell'impiccato e in casa del boia: quale che fosse l'intensità e consapevolezza di tal sentimento, il rapporto diretto o inverso dei due termini. Anche per questo, e sopratutto, coloro che più stavano intorno a quel gorgo rifuggivano dal parlarne, sia pure vagamente, con chi appunto non vedeva qual gorgo fosse: per la loro coscienza, per la loro vita. Non era soltanto un problema di giustizia, di amministrarla secondo la legge o di affermarla contro la legge; era anche un problema di interiore libertà, comunque dovuta a chi è chiamato a giudicare.

Cercavano, dunque, al di fuori delle udienze, non solo di non parlarne, che era facile, ma di non pensarci, che era estremamente difficile. Il fatto però che i giurati cercassero di incontrarsi tra loro, come casualmente o con pretesti che riguardavano la loro abituale attività, ne era un segno contrario. E dei due giudici, anche il nostro sentì un giorno di domenica il bisogno di incontrare il giurato che si occupava di agricoltura: accettando l'invito di trascorrere qualche ora in campagna. «Senza pensare a nulla»: e già era impossibile il nulla, poiché anche lo scorrere del paesaggio, il fissare un albero o una pietra, è pensiero. Anche se non *quel* pensiero.

Era un novembre, come sempre a Palermo, mite, opulento, dorato. Benché la festività dei morti fosse già passata, pupi di zucchero e frutta martorana allegravano le vetrine delle pasticcerie come i fichidindia, le sorbe in conocchia, i loti e le arance i banchi dei fruttivendoli. Le «cose dei morti», i pupi e la frutta di pasta di mandorle, che i bambini la mattina del due novembre cercano e trovano in qualche angolo della casa: e la sera, a letto, avevano finto di dormire, resistendo al sonno soltanto per pochi minuti oltre l'abitudine, nella speranza di vedere i morti arrivare coi doni e nasconderli. Nessuna paura, poiché erano i morti della famiglia; e di qualcuno anche loro avevano recente ricordo. I morti che portavano doni; i vivi che tra loro, a catena, si ammazzavano; quei banchi che di domenica, giorno vietato alle vendite, offrivano frutta e anche pane e anche formaggi; quei cartellini dei prezzi, sulla merce, che si poteva credere riguardassero il chilogrammo e invece, ad avvicinarvisi, e magari chi ne aveva bisogno mettendo gli occhiali, si scopriva che riguardavano il mezzo chilogrammo; i vigili urbani che invece che in mano il blocchetto delle multe, avevano il cartoccio di frutta: tutte cose che nella mente del giudice si accozzavano a dargli il senso di una città irredimibile.

Il tram era già alla periferia. Alla fermata da cui cominciava, aperta, verde degli aranceti, la campagna, il giudice ne scese. Aveva improvvisamente deciso di non andare alla villa del giurato. Non c'era regola, scritta o consuetudinaria, che non ammettesse un rapporto personale tra giudice e giurato, uno scambio di visite: ma lui se l'era improvvisamente creata. Si disse: 'A processo finito', ché curiosità per quella casa di campagna, per la biblioteca che il giurato gli aveva detto che c'era, per quella vita, ne aveva. Se ne tornò a casa a piedi, nella città indomenicata dai vestiti vivaci, e che cominciavano ad essere audaci nel mostrarne le carni e nel secondarne le forme, delle donne a passeggio al braccio di mariti e fidanzati austeramente vestiti, dalle carrozzelle che dai cappelli a *cloche* delle donne sembravano fiorite. «Ghiribizzando miei pensieri asciutti» pensò di sé, del suo pensare invece fluidissimi pensieri. E ghiribizzando anche su quel verso, che non riusciva a ricordare di chi fosse.

Il processo scorreva in tutta la sua prevedibilità: tranne che per l'aggiungervi, l'imputato, qualcosa che a suo danno lo rendesse più greve. Evidenti menzogne; espressioni che gli sfuggivano, nei riguardi delle sue tre vittime, che lasciavano intravedere odio inestinguibile. Non un'ombra di pentimento, di rimorso: soltanto continuava a dire «inconsulti» i suoi micidiali atti.

Sul Bruno aveva tentato di gettare il sospetto che non per le sottrazioni di cassa, che risultavano da perizie sulla contabilità ed erano da lui stesso ammesse come di poco momento e venialissime, lo aveva licenziato, ma per la rivalità di favori che una dattilografa dell'ufficio a lui aveva elargito e al Bruno negato: cosa di cui una volta si era vantato, ma che ora ammetteva soltanto come falsa impressione del Bruno, giurando sulla irreprensibilità della dattilografa in questione. Comportamento che gli pareva, crediamo, da uomo d'onore, da gentiluomo: ma non impedì che quella povera donna, che ormai viveva la sua vita in una piccola città lontana, fosse chiamata a testimoniare: e ne ebbe quel tanto di rovina che la notizia, anche se taciuta dai giornali nel regolare tacere su tutto il processo, poteva provocare passando da una bocca all'altra, per quanto lunga fosse l'Italia da Palermo alla piccola città in cui viveva.

Tentò poi di gettare sul Bruno altro sospetto: che gli avesse insidiato la moglie, se per ben due volte era andato, lui assente, a casa sua. E alla domanda se avesse avuto anche il sospetto che la moglie potesse aver corrisposto alle attenzioni, peraltro così sporadiche, del Bruno, aveva risposto che credeva di no: ma in tal forma e tono, aveva risposto, come nel negare con la dattilografa quei rapporti di cui si era vantato. Da gentiluomo che soltanto per generosità rispondeva con un no che doveva essere inteso come un sì. Il che suscitò tanta indignazione da far ripetere al presidente, a mezza voce, quel che gli avvocati di parte civile avevan detto per il ritratto di Matteotti che diceva di aver avuto dal Bruno: che a sua moglie stava dando altra pugnalata. E mi accorgo a questo punto che sto per la prima volta parlando del presidente della Corte: che non era quello che mi avviene di chiamare il piccolo giudice o il nostro giudice. Il giudice di cui fin dal principio si è detto era quello che si suol chiamare – forse imprecisamente rispetto a quel che significa nel linguaggio curiale – il giudice *a latere*; ma più temibile o meno temibile (tutto è relativo) del presidente per dottrina specifica, umane lettere (allora in ogni professione contavano), acutezza e libertà di giudizio. Il presidente era uomo silenzioso e solenne, rigoroso nella conduzione di un processo e di quel processo particolarmente, impenetrabile in quel che pensava e sentiva anche da parte dei suoi più vicini; e forse nella sua impenetrabilità risolveva anche una certa soggezione verso il suo *a latere*, cui accortamente lasciava spazio.

Ma anche se l'imputato fosse riuscito a far credere, come inconsultamente (è il caso di dire) sperava, che l'avvocato Bruno gli aveva rifilato tra altre carte il ritratto di Matteotti, che aveva gelosia nei suoi riguardi perché la dattilografa non gli cedeva, che aveva attentato alla sua onorabilità di capo famiglia, non erano questi i punti per cui si poteva muovere un qualche rimprovero alla memoria del compianto avvocato Bruno. Gli si poteva rimproverare, piuttosto, la sua protratta indulgenza agli ammanchi di cassa, la sua lunga tolleranza delle piccole ma continue malversazioni: e da vivo la legge sarebbe andata a un qualcosa di più del rimprovero, ma da morto, e per mano di colui che aveva lungamente profittato della sua indulgenza, come per tacita convenzione si era deciso di mettere in conto della bontà e generosità sua a fronte della mostruosa, feroce ingratitudine del suo assassino. Ma bontà e indulgenza – pensava il giudice – appunto erano valse a perderlo, scatenando nel momento in cui finivano, in cui non potevano non finire, il furore dell'imputato: che essendo stato per tanto tempo tollerato non vedeva perché ad un certo punto una tal tolleranza fosse venuta a mancargli. E di questo modo di vedere le cose da parte del suo dipendente, e di sue minacce, il Bruno aveva avuto avviso da colleghi che, verosimilmente, si adoperavano a convincerlo di lasciar perdere, di continuare a perdonare. Ma ad uno che più esplicitamente gli riferiva delle minacce, il Bruno aveva risposto: «E che fa, mi ammazza?» noncurante o perché fermamente deciso al proprio dovere o perché tanto mite considerava quell'uomo da non credere sarebbe mai arrivato a fare quel che invece puntualmente fece. O per tutte e due le cose: e sulla seconda la difesa dell'imputato vanamente arzigogolava, la mitezza dell'uomo, ammesso ci fosse stata nel passato, diventava incredibile di fronte alla determinazione, all'arma, al modo con cui i tre delitti erano stati consumati; senza dire del comportamento in aula, elemento di gran peso nei giudizi penali, che non si poteva dire riscuotesse la minima intenzione di capirlo e di averne compassione.

E questo è il punto – continuava a pensare il giudice – per cui qui tutto continuerà ad andare per mal verso: i rapporti personali, le amichevoli intromissioni e raccomandazioni, la compassione per gli innocenti che la punizione del colpevole può travolgere, il contentarsi del minor danno di fronte al grande che ne può venire scoprendo il piccolo; e insomma il troncare e sopire ogni cosa, che implicasse la legge, del conte zio manzoniano, e del padre provinciale con lui in accordo, nella paura di conseguenze che possono essere vaste e gravi, ma meno vaste e gravi di quanto alla distanza non siano il lasciar correre, il tollerare, il tributare all'amicizia silenzi e omissioni. Tutto qui. O quasi tutto.

Alle ultime battute, la difesa dell'imputato, nella pioggia delle «comparse conclusionali», fece cadere la sua in cui si chiedeva l'accertamento delle capacità di intendere e di volere: ma non in ordine all'infermità mentale, bensì alla semi-infermità: dimezzamento dell'uomo tra senno e follia, col prevalere a momenti della follia sul senno o del senno sulla follia, ma al momento del delitto certamente prevalendo la follia. «Chi compie un reato in stato di vizio totale di mente non è punibile ... Chi lo compie in una condizione di semi-infermità risponde del reato, ma la pena è diminuita». Ma nel caso dibattuto, più agevole sarebbe stata la ricerca della totale infermità che della parziale: come del resto sempre, crediamo, in un processo penale. Poiché non c'è essere umano in cui la semi-infermità, o qualcosa di simile non definibile tecnicamente (ammesso che la semi-infermità sia nome tecnicamente attendibile), non dorma o non stia agguatata: suscettibile dunque di risvegli improvvisi o di scattare al momento giusto (e cioè al più sbagliato e nefasto): e il riferirvisi e riconoscerla in certi casi criminali mossi dalla passione, e non in tutti, finisce col celebrare quella ineguaglianza della legge che la comune opinione ritiene intrinseca al suo realizzarsi, contro il principio che invece uguale per tutti la proclama.

Troppo tardi, comunque. E c'era da chiedersi se l'avvocato difensore non avesse dovuto fare opera di persuasione, a che l'imputato consentisse alla richiesta: arroccato come appariva, e nella sua follia effettivamente era, nel credere di aver soltanto con lieve eccesso vendicato i torti subiti. Si era ormai alla camera di consiglio, che come luogo non era meno sgradevole, visualmente e olfattivamente, dell'aula d'udienza. Dalle pareti che erano state scialbate prima che gli uffici giudiziari vi si insediassero, dal velo di calce trasparivano o dal suo sgretolarsi apparivano i disegni e le scritte che i prigionieri dell'Inquisizione in due secoli vi avevano lasciato. Scaffalature di legno e fascicoli che vi si allineavano, in parte li coprivano; ma alcune scritte e alcuni disegni interamente si vedevano. I giudici ormai li conoscevano benissimo, e qualcuno ossessivamente; ma i giurati ne avevano curiosità. E anche un senso di sgomento, alcuni, nel trovarsi ad amministrare la laica legge, anche se greve di vecchie remore e con restauri di nuovo

misticismo, nelle stesse stanze in cui era stata tenacemente, fanaticamente denegata.
La camera di consiglio. E poiché i giudici vi indossavano e deponevano le toghe e i giurati le sciarpe tricolori, con i ritratti che vi erano appesi, con il sentore di disfacimento che veniva dalle vecchie carte, faceva pensare a una sacrestia. E anche intrinsecamente, per il rito che ogni mattina erano usciti a celebrare e per quello finale cui si preparavano riassumendo tutto quel che in tante udienze si era srotolato della vita dell'imputato, delle sue azioni. Era stato come denudato. La sua religione della famiglia, sopratutto sostenuta, contro la moglie, nel voler portarsi a casa due sorelle nubili: non esisteva. Sposato, aveva sedotto una tredicenne, cui aveva messo su casa a Palermo: la manteneva, ne aveva avuto figli. E gli si metteva in conto anche il fatto che, giovanissimo, con quella che aveva poi sposato era fuggito – la classica «fuitina» dei giovanissimi poveri – arrendendosi alle nozze dopo essere stato denunciato, dal padre di lei, per ratto di minorenne e violenza carnale. Il suo patriottismo: si era imboscato durante la guerra del '15, e forse con operazione di autolesionismo. La sua mitezza: era stato protagonista di violenti litigi, camminava sempre armato, insegnava ai figli che l'avere una pistola era più necessario che avere il pane. La sua dedizione al lavoro: sottraeva denaro alla cassa, tratteneva le quote che gli avvocati versavano per l'iscrizione all'albo. E i delitti di quella «ferale» giornata. Premeditatissimo quello della moglie, se in una

lettera-testamento ai figli, scritta almeno un anno prima e trovata tra le sue carte, diceva che voleva «abbatterla»: termine veterinario che, volendo dire dell'animalità della moglie, si ritorceva a conferirgli bestialità. E tutti e tre gli omicidi li aveva commessi nella fiducia che le vittime, e le persone a loro vicine, avevano in lui. Aveva invitato la moglie ad una gita per andare a trovare i figli. Era andato a casa del ragioniere Speciale chiedendogli di accompagnarlo al palazzo di giustizia per cercare una pratica di cui aveva urgente bisogno. A casa dell'avvocato Bruno era stato dalla cameriera introdotto familiarmente. Per tre volte, a distanza di ore, aveva estratto il pugnale, preventivamente bene affilato, dal fodero: e con mano ferma, presumibilmente guardandole negli occhi e magari godendo di quel momento di strazio supremo che loro infliggeva, lo aveva immerso nel corpo delle vittime. Per due volte, dettaglio che a giudici e giurati appariva come il più atroce, aveva rinfoderato il pugnale insanguinato, l'ultima volta lanciandolo contro la nipote dell'avvocato Bruno che per le scale lo inseguiva. Era il momento in cui la pistola che portava in tasca avrebbe potuto usarla contro se stesso, come diceva di aver programmato: non solo non l'usò, ma portato subito dopo in questura e imbattendosi nel fratello della moglie, avvertì le guardie di badare a che non fosse armato, temendo non resistesse all'impeto di vendicare la sorella. Dettaglio, anche questo, che molto impressionava giudici e giurati: e pareva loro dicesse tutto sul personaggio. Ma dalla camera di consiglio, dopo non lungo dibattito, la Corte uscì con una sentenza che non era di morte.

Una diecina di giorni dopo, mentre ancora durava nei più lo stupore e il risentimento per quella sentenza e nei meno, colleghi, avvocati e gerarchi, prendeva quota a carico del giudice *a latere* un acre e delatorio «ve lo dicevo io», intendendo del suo non essere fascista e della sua volontà di far dispetto al regime; una diecina di giorni dopo, dunque, il piccolo giudice decise di andare a far visita al giurato che, alle porte della città, aveva un'antica villa. E ancora mi è avvenuto di chiamarlo il piccolo giudice non perché fosse notevolmente piccolo di statura, ma per una impressione che di lui mi è rimasta da quando per la prima volta l'ho visto. Era insieme ad altri; e, indicandomelo tra gli altri come il più piccolo, qualcuno mi disse: «Aveva una brillante carriera da fare, se l'è rovinata rifiutando di condannare uno a morte»; e mi raccontò sommariamente e con qualche imprecisione la storia di quel processo. Da quel momento, ogni volta che poi l'ho visto, e nelle poche volte in cui gli ho parlato, il dirlo piccolo mi è parso ne misurasse la grandezza: per le cose tanto più forti di lui che aveva serenamente affrontato.

Andò dunque a quella villa, un giorno di dicembre vicino al Natale: caldo come di settembre. La città aveva già, anche in periferia, un'aria natalizia; ma di un Natale che ancora ignorava il nordico albero e i doni, che stava ancora al presepio, al cappone, ai fichi secchi e alle mandorle abbrustolite.

La villa la trovò facilmente: stava come dentro le mura di un fortino, da lontano se ne vedeva la cuspide neoclassica. Ma neoclassica tutta la costruzione non era, c'erano stati rimaneggiamenti, inserimenti e reinserimenti; e c'era persino una stupenda bifora chiaramontana, come di quelle dello Steri in cui si celebrava giustizia.

Il padrone di casa lo accolse come un vecchio amico che da tempo non si vede; e così pareva anche al giudice: che da lungo tempo non si vedessero. Quei giorni che eran passati dalla sentenza, per tutto quel che era stato detto, per tutto quel che loro avevano pensato, si erano come dilatati. E si ritrovavano come persone che avevano una volta, insieme, vissuto una drammatica esperienza, scampato un pericolo; e quasi ne avevano un senso di reciproca gratitudine, per l'aiuto che si erano dato a scamparlo. Poiché entrambi erano stati in guerra, alla stessa età e quasi negli stessi luoghi, e forse si erano allora incontrati, forse si erano parlati, si sentivano come se ora ne uscissero da compagni, da amici: mentre per quella sentenza il rombo dei risentimenti e delle minacce si sentiva nell'aria. Ma cercarono, entrambi, di non parlare del processo. Parlarono della guerra appunto, dei loro ricordi. E poi di libri, dentro la bella biblioteca: e grande, armoniosa, calda del colore degli scaffali e di estrema grazia, da sfiorare il rococò e da anticipare il liberty, nelle decorazioni, negli intagli.

Quell'uomo dall'antico volto di contadino, dalle grandi mani di contadino che con impressionante delicatezza aprivano e sfogliavano libri, vestito del velluto a coste che allora era degli abiti festivi dei contadini (ma a guardar bene di altra qualità e taglio), interessava sommamente il giudice.

« Questa casa » disse mentre faceva vedere al giudice uno dei libri che stavano sul tavolo, arrivato quella mattina: il Bodoni della Camera della Badessa « lei forse pensa che mi viene da un lungo ordine di eredità familiare: e invece io non so nemmeno che cosa facesse il mio bisnonno, che certamente visse in tale avara povertà che il figlio, e cioè mio nonno, ad altro non pensò che a costruirsi un'avara ricchezza. E tutto questo viene da lui, da mio nonno: che l'ha avuto da uno di grande famiglia che con lui si era molto indebitato. Con la biblioteca così com'è, o quasi: io vi ho aggiunto, forse, una sesta parte dei libri che ci sono. Quasi tutti francesi otto-novecento, e molti in quelle edizioni di pregio che i francesi sanno fare e che da noi cominciano ora, per timide iniziative. Libri illustrati, una mia debolezza: a compenso di un'infanzia in cui un *Pinocchio* illustrato, un *Cuore* illustrato, li desideravo con un ardore pari al rigore con cui mio nonno non me li concedeva. Era analfabeta, odiava i libri: e morì, fortunatamente, prima di mettere a segno il progetto di disfarsi di questi. Ma non mi creda un cinico, se dico fortunatamente: non ho ricordi di mio padre, e tutto sommato posso dire che a mio nonno ho voluto bene, nonostante il timore nei suoi riguardi che mia madre mi trasmetteva. Un uomo di scorza aspra. E in quanto ai debiti che sono stati pagati con questa villa: il canonico che curava l'anima di mio nonno mi ha assicurato che non c'è stata usura; ma ho il sospetto che la praticasse anche il canonico. Ma meglio non approfondire: abbiamo ben altro, personalmente, di cui travagliarci la coscienza. D'altra parte, all'origine di ogni grande proprietà, come dicevano i vecchi, patetici socialisti, c'è qualcosa di oscuro, di torbido: e da quali altre violenze ed usure veniva questa villa e le terre intorno alla grande famiglia che si è disfatta nei debiti?».

«Eterna vicenda delle famiglie, dei popoli: e nessuno, credo, ne ha avuto acutissimo il senso quanto Guicciardini, ma quietamente; e all'opposto versante, con superstizione, con paura, c'è il nostro Verga» disse il giudice. Aveva come una sete di parlare di libri, di scrittori: tanto raramente gli capitava di imbattersi in persone con cui potesse. E finito di guardare le incisioni del Rosaspina, posando il libro: «Bellissimo: non sarà sfuggito a Stendhal, nel suo amore per il Correggio».

«Non gli sarà sfuggito: e se mai ne ha fatto cenno in qualche lettera, in qualche appunto, il nostro Trompeo lo saprà di certo... Ma il guaio, con tanti dei libri stampati da Bodoni, è che a tentare di leggerli ci si accorge che l'armonia con cui la pagina è costruita vale molto di più di quel che la pagina dice. Ce ne sono tanti, qui: ma credo di aver letto per intero soltanto l'*Aminta*... Peccato: ché sarebbe bello leggere di stampa del Bodoni i libri che più amiamo».

«Io ne ho uno solo: l'*Aristodemo* del Monti».

«Bello, nitido: ma illeggibile. Eppure io amo Monti, le sue aggiunte alla Crusca sono di gran godimento. E poi, poveretto, di fronte a quel che abbiamo visto dal dopoguerra ad oggi, e cui anch'io ho partecipato, lo confesso, la figura del Monti viene a guadagnarci, nei suoi giri di valzer. Avrà notato il mio distintivo fascista, alle udienze: lo mettevo per ostentazione. Ma il fatto è che al partito sono iscritto. E sa perché, sopratutto? Perché non mi si neghi il passaporto».

Da una porta in fondo, vestita come una Diana cacciatrice, entrò una giovane: alta, bruna, capelli cortissimi. «È la signora che per ora vive con me».

La frase suonò al giudice di intrigante distac-

co e provvisorietà: e mentre nei suoi pensieri andava dietro a quel «per ora», quasi inavvertitamente, nello stupore di quell'apparizione, guardandola nel volto espressivo di cordialità e d'ironia, disse: «Francese».
«Sì, francese» disse la donna porgendogli la mano. «Naturalmente, lei l'ha indovinato per il mio naso... Dio mio: il naso francese!». Il giudice arrossì, ché era vero. Per toglierlo d'imbarazzo (il giudice stava articolando un goffo complimento) l'amico disse: «Che in Sicilia è rusticamente detto a piede di agnello».
«Esattissima denominazione, me la ricorderò» disse la donna. Divagarono sui nasi, sulle fisionomie, sul libro del Della Porta che fu tirato giù da uno scaffale. Il giudice ne aveva un senso di riposo, di ricreazione. E meravigliandosi, ad un certo punto, di come benissimo la signora parlasse l'italiano e dei tanti scrittori e libri italiani che conosceva, ne ebbe dall'amico spiegazione. «Simone è una francese italianizzante, per italianizzare una loro parola. È una specie di repubblica, lei sa benissimo, con Stendhal primo console. Amano di noi quel che noi, di noi stessi, più detestiamo. Pensi che cosa sarebbe diventato, in una pagina di Stendhal, l'atroce e miserabile caso di cui ci siamo occupati... Ma il guaio, con gli italianizzanti, e non soltanto con quelli francesi, è che amando di noi il peggio, finiscono di amarci appena cominciano a vedere che c'è un meglio».

«Forse è vero» ammise Simone. «Ma io conosco già il meglio di questo paese: e continuo ad amarvi».

«Non durerà» disse sorridendo l'amico: ma come alludendo al suo rapporto con lei, e con una certa malinconia. «Come tutti gli amori, del resto. C'è sempre qualcosa di sbagliato, nei riguardi dell'altro. E figuriamoci nell'amore per un paese che non è il nostro, con tutte le generalizzazioni in cui si cade... I tedeschi sono così e così, gli spagnoli, i francesi... E gli italiani, come sono gli italiani? E non parliamo dei siciliani, sui quali si è sempre corso a definirli apoditticamente, in giudizi che non ammettono appello... Tutto sommato, per approssimazione, io penso che le generalizzazioni possano funzionare al negativo: ciò che non siamo, che non vorremmo essere; e implicando quel che approssimativamente vorremmo essere... Sarebbe divertente, e di qualche utilità, vedere la storia d'Europa sotto specie dei russi che vorrebbero essere tedeschi, dei tedeschi che vorrebbero essere francesi, dei francesi che vorrebbero essere per metà tedeschi e per metà italiani e insieme restare francesi, degli spagnoli che, non potendo essere romani, si contenterebbero di essere inglesi; e degli italiani che vorrebbero esser tutto, tranne che italiani...».

«In questo momento» disse Simone «gli spagnoli desiderano solo ammazzarsi tra di loro».

«Con il conforto spirituale di Léon Blum» disse il giudice.

«Soltanto spirituale, alla parte che dovrebbe essere la sua» precisò Simone.

«Il socialista Blum, lo stendhalista Blum: e ne vien fuori la mascherata del non intervento» disse l'amico. «Mussolini manda telegrammi di compiacimento ai generali italiani che, con truppe italiane, conquistano città spagnole: e Blum, impassibile, continua a parlare del non intervento in Spagna come se ci credesse...».

«A meno che non si voglia ammettere che l'abbia capito Mussolini, nessuno» disse il giudice «capisce che la guerra di Spagna è la chiave di volta di quel che minaccia il mondo».

«E a meno che non si voglia ancora ammettere che l'abbia capito Mussolini, con quella sua buffonata della spada dell'Islam, e nessuno di quelli che vi sono direttamente interessati, quel che succede a Tel Aviv mi inquieta molto» disse l'amico. «Mi piace, spesso, vedere la storia attraverso un dettaglio che può apparire insignificante, una figura in ombra, un aneddoto... Napoleone entra in una sinagoga, vede gli ebrei accoccolati in preghiera e dice loro: "Signori, col sedere nessuno ha mai fondato uno Stato"; ed ecco le bombe nei mercati di Tel Aviv, una faccenda senza fine...».

Quell'apprensione su delle notizie che la guerra di Spagna relegava ai margini, il terrorismo degli ebrei che volevano fondare uno Stato, il modo in cui gli inglesi gestivano il loro mandato in Palestina, sembrava a Simone e al giudice del tutto eccessiva e, facendone argomento di discussione, alquanto maniacale. E, peraltro, non avevano le informazioni che sembrava avesse invece il loro amico, che in quei luoghi aveva viaggiato. Sicché ad un certo punto la discussione su quell'argomento si spense. Continuarono a parlare, con leggerezza, con brio, della Francia, di certi scrittori, di certi libri. E del fascismo. Ma parlandone in quel modo, il fascismo pareva farsi lontano, come segnato in una immaginaria mappa della stupidità umana.

Era già buio da un pezzo quando il giudice si accorse che era l'ora, inoltrata anzi, di rincasare. Il suo amico (possiamo ormai chiamarlo così, per quel che sappiamo del dopo) volle accompagnarlo in automobile. Lentamente andando, gli raccontò della donna che era venuta per qualche mese a vivere con lui, come altre in passato: legami che ricordava bellissimi anche per il fatto che erano finiti, come anche questo era destinato a finire. Dei suoi viaggi. Della sua vita campagnola.

Al momento di salutarlo disse: «L'ho ammirata molto, in camera di consiglio: lei è riuscito a porre il problema della pena di morte, nei suoi termini più angosciosi, senza mai riferirvisi direttamente».

«Anche lei: e sono convinto che senza il suo intervento l'esito della votazione...».

«Non ho fatto che seguire la sua linea. Ma voglio dirle, anche se lei l'ha già capito, che io sono venuto a far parte della giuria proprio per questo: un gesto contro la pena di morte... Giolitti diceva che nel nostro paese a nessuno si nega un sigaro e una croce di cavaliere; e nemmeno un certificato medico falso, io aggiungo; e nemmeno a me sarebbe stato rifiutato...».

«Le dirò che anch'io potevo sottrarmi a quel processo, mi è stato anzi autorevolmente consigliato. Ma l'ho visto come il punto d'onore della mia vita, dell'onore di vivere».

«E ce l'abbiamo fatta... Ma come andrà a finire?».

«Male» disse il giudice.

Da quel colloquio di tre mesi prima, che ricordava ambiguo e penoso, il giudice aveva spesso incontrato il procuratore generale: ma nei corridoi, e scambiandosi appena, come malvolentieri, un saluto. Ma dopo le feste natalizie, appunto incontrandosi nel corridoio e scambiandosi fuggevolmente il solito saluto, fatti pochi passi il giudice si sentì chiamare. Tornò indietro. «Se ha una mezz'ora libera» disse il procuratore «venga nel mio ufficio: faremo una chiacchierata». Cordiale nell'espressione, oltre che nelle parole.

«Vado in udienza, ma non ne avrò per molto: vengo da lei, diciamo, tra un'ora».

«Benissimo, l'aspetto».

Andò puntualmente. L'usciere, come non riconoscendolo, con un certo sussiego, gli chiese il nome ed entrò ad annunciarlo. O forse davvero non lo aveva riconosciuto e quel sussiego era modo abituale di difendere il procuratore da visite importune: ma il giudice, negli ultimi tempi, in molte persone scorgeva, nei suoi riguardi, atteggiamenti simili a quelli dell'usciere. Il procuratore gli venne incontro sulla soglia dell'ufficio, con una effusione che parve impressionare l'usciere. Invece che mettersi alla scrivania e far sedere il giudice dall'altra parte, preferì le due poltrone che stavano in un angolo della stanza, un tavolinetto rotondo davanti. C'era, sul tavolinetto, un portacenere. Il procuratore lo indicò dicendo: « Fumi pure, se vuole ».

L'accoglienza un po' disorientava il giudice.

« Io spero » cominciò il procuratore « che lei non abbia preso in malaparte quel che ebbi a dirle qualche mese fa. Era dettato, posso ribadirlo, da simpatia e stima nei suoi riguardi; oltre che, lei l'avrà capito e ora posso dichiararlo, da una preoccupazione, come dire?, corporativa: a che non nascessero fraintendimenti, attriti e puntigli: con conseguente disagio per noi, stando le cose come stanno... Ma ormai è fatta... E, guardi, nemmeno nei miei più celati pensieri c'è ombra di riprovazione nei suoi riguardi; anche perché, voglio essere estremamente sincero, non sulla magistratura palermitana si è focalizzato il risentimento, ma su di lei... ».

« Me ne sono accorto » disse il giudice.

« Mi dispiace, mi creda, mi dispiace molto: ma è così... Ecco: ieri mi è arrivata copia del ricorso in Cassazione dell'avvocato Ungaro. L'avevo chiesta per un confronto col ricorso del nostro ufficio: Ungaro è un grande avvocato... Ebbene, la sentenza della Corte d'Assise di cui lei era parte è data come frutto di un malinteso pietismo e attribuita al tormento e alla perplessità della giuria. Di fronte alla gravità della pena, dice, non si è tenuto conto della gravità del reato: e dunque si è violata la legge e non si è fatta giustizia. Sono, lei sa, perfettamente d'accordo con lui: ma io so, come lo sanno tutti e forse lo sa anche lui, che l'elemento laico, come lui chiama la giuria, si è arresa all'opinione...».

«Mia, lei vuol dire... Ma non si è arresa per nulla: aveva già quella che lei chiama opinione e io chiamo principio. Ed è un principio di tale forza, quello contro la pena di morte, che si può essere certi di essere nel giusto anche se si resta soli a sostenerlo... Non ho ragione di protestare, dunque, se si vuol credere che io abbia sofisticato a tal punto le ragioni di non dare la pena di morte da convincere una giuria riluttante... Solo che, ad onore della giuria, posso dire a lei che riluttante non era».

«Mi fa piacere» disse il procuratore.

«E perché?».

Il procuratore si smarrì, chiuse gli occhi come per concentrarsi a trovare una risposta. Poi, come improvvisamente fosse crollato nella stanchezza, nella vecchiaia, più fitta e scavata la rete di rughe sul suo volto, disse: «Tra qualche mese me ne vado; lascio questo ufficio, questo mestiere. La pensione. Terribile, perché non confessarlo?, per chi ha avuto un potere come il mio. Ma mi ci sto adattando: sto cominciando a pensare cose cui finora non ho pensato. E per esempio: che sono stato un morto che ha seppellito altri morti. E anzi: che lo siamo tutti, in questo nostro mestiere di accusare e di giudicare. E ancora: mi chiedo se, da morti che seppelliamo morti, davvero abbiamo diritto di seppellire i morti per pena capitale. Ma badi: è una domanda; e la risposta che trovo è ancora quella del sì, che l'abbiamo questo diritto, se la legge ce lo impone... Ma quando, poco fa, le ho detto che sono perfettamente d'accordo con Ungaro, come altra volta le ho detto di essere perfettamente d'accordo con Rocco, ecco: il perfettamente non risponde a quel che veramente sento. Qualcosa, in quell'affermare la legge fino a quel punto, mi infastidisce, mi inquieta... Sulla soglia della vecchiaia, della pensione, forse anche della morte » la mano al petto, muovendo le dita come a stringere qualcosa; e 'angina pectoris' pensò il giudice: ricordando il gesto di suo padre, che ne era morto: « voglio capire... Perciò, stamattina, ho voluto parlare con lei: per capire quello che ora le accade, quello che sente, quello che teme... Non in ordine alla carriera, che già sa di essersela giocata, e lo sapeva anche prima; ma in ordine alla coscienza, alla vita... ».

Il giudice non lo avrebbe mai immaginato, un colloquio col procuratore che andasse nel senso della confessione e, in definitiva, di una richiesta d'aiuto. Disse: « Mentirei, se le dicessi che mi sento tranquillo ».

« È quel che pensavo ».

«Voglio dire: sono convinto di aver fatto il mio dovere di uomo e di giudice; sono convinto di aver lavorato, tecnicamente, con gli argomenti giuridici, come meglio non si poteva... L'argomento principe sarebbe stato quello dell'infermità mentale; mancandomi, l'ho surrogato assumendo i tre omicidi nella continuità di un unico disegno criminale... Ora penso con orrore a quello che accadrà... Paura: ecco quello che sento».

«Posso dirle con precisione quello che accadrà: la Cassazione annullerà la sua sentenza, assegnerà il processo all'Assise d'Appello di Agrigento, dove c'è un presidente che, mi duole dirlo, ha una certa affezione alla pena di morte. Ad Agrigento c'è anche un vecchio avvocato socialista, credo sia stato una volta deputato: buon avvocato e, inutile dirlo, segnato a dito come antifascista. Quest'avvocato assumerà certamente la difesa dell'imputato: che è quel che si vuole per dimostrare che c'è nel processo una contrapposizione tra il fascismo che cade inesorabile sui delitti efferati e l'antifascismo che squallidamente li difende; il che, bisogna metterlo in conto, avrà effetto secondario e retroattivo su di lei, sulla sua sentenza. In conclusione: ci sarà la sentenza di morte, l'imputato sarà fucilato... E allora: la sua sentenza a che cosa sarà valsa se non a prolungargli l'agonia?».

«*Ab uno disce omnes*... Voglio dire: conoscendomi come mi conosco, e da ciò presumendo di conoscere gli altri uomini, e quell'uomo particolarmente, sono quasi certo che costui, condannato a una pena detentiva senza speranza, nel tempo che correrà tra i ricorsi, il nuovo processo, la condanna a morte e la domanda di grazia, riuscirà a crearsi un filo di speranza, per quanto tenue. Fino al momento in cui andranno una notte a svegliarlo per comunicargli che la domanda di grazia è stata respinta e che, prima del sorgere del giorno, sarà fucilato, non farà che dipanare questo filo; e meglio ci riuscirà se la follia continuerà a soccorrerlo. È da quel momento, e per due o tre ore spaventose, col cappellano accanto, che cadrà nell'agonia, in quella che comunemente diciamo agonia: cioè il sentire che per lui la vita è finita, che non vedrà mai più sorgere il sole, che sta per varcare il confine della notte terrestre per entrare in una notte senza confine; senza dire di tutte le terribili immaginazioni che la mente gli presenterà del momento in cui la morte esploderà nel suo corpo...».

Il procuratore si passò il fazzoletto sulla fronte, quasi gli avvenisse di sudare, in quella stanza gelida.

«Ma l'agonia» continuò il giudice «è uno stato, propriamente, nel giusto senso della parola, in cui la vita ha più parte che la morte; e posso anche ammettere, dunque, che la sentenza gliel'abbia prolungata. Ma ecco: o questa nostra vita è soltanto caso e assurdità e vale soltanto in sé, nelle illusioni in cui la si vive, al di qua di ogni altra illusione, e dunque il viverla ancora per qualche anno, per qualche mese o addirittura per qualche giorno, appare come un dono:

così come ai malati di cancro o di tubercolosi, assurdamente nell'assurdo; o è invece parte, questa nostra vita, di un disegno imperscrutabile: e allora varrà, quest'agonia, a consegnare quest'uomo a un qualche aldilà con più pensieri, con più pensiero, magari con più follia, se non vogliamo dire con più religione».

«Ma questo, il più pensiero, il più religione, come lei dice, penso che gli accadrà, con una intensità senza dubbio più dolorosa ma al tempo stesso, come dire?, più liberatoria, in quelle due o tre ore in cui sa che sta per andare a morire».

«Eh no, la morte non è più un pensiero, in quel momento; nulla anzi, in quel momento, che possa dirsi pensiero. Lei provi, per quanto può, e sarà sempre a un grado lontanissimo, ad immedesimarvisi».

«Ma non le pare di star trovando alibi per sé, per la vanità, diciamolo pure, della sua protesta dentro un contesto che non la permette se non caricando di maggiore sofferenza l'essere umano su cui lei ha concentrato la difesa di un principio e che, insomma, nella difesa del principio lei non ha fatto conto della sofferenza di quell'uomo?».

«È vero che in me la difesa del principio ha contato più della vita di quell'uomo. Ma è un problema, non un alibi. Io ho salvato la mia anima, i giurati hanno salvato la loro: il che può anche apparire molto comodo. Ma pensi se avvenisse, in concatenazione, che ogni giudice badasse a salvare la propria...».

« Non accadrà: e lei lo sa quanto me ».

« Sì, lo so: e questa è la controparte di spavento, di paura, che io sento non soltanto riguardo a questo processo... Ma mi conforta questa fantasia: che se tutto questo, il mondo, la vita, noi stessi, altro non è, come è stato detto, che il sogno di qualcuno, questo dettaglio infinitesimo del suo sogno, questo caso di cui stiamo a discutere, l'agonia del condannato, la mia, la sua, può anche servire ad avvertirlo che sta sognando male, che si volti su altro fianco, che cerchi di aver sogni migliori. E che almeno faccia sogni senza la pena di morte ».

« Una fantasia » disse stancamente il procuratore. E poi stancamente constatò: « Ma lei continua ad essere spaventato, ad aver paura ».

« Sì ».

« Anch'io. Di tutto ».

FABULA

ULTIMI VOLUMI PUBBLICATI:

140. Tim Parks, *Destino*
141. Muriel Spark, *Il settimo Conte di Lucan* (3ª ediz.)
142. Glenway Wescott, *Il falco pellegrino* (2ª ediz.)
143. W.G. Sebald, *Austerlitz* (2ª ediz.)
144. Christina Stead, *Letty Fox* (2ª ediz.)
145. Stelio Mattioni, *Tululù*
146. V.S. Naipaul, *La metà di una vita*
147. Milán Füst, *La storia di mia moglie*
148. Rosa Matteucci, *Libera la Karenina che è in te*
149. Giovanni Mariotti, *Storia di Matilde* (3ª ediz.)
150. Natasha Radojčić-Kane, *Ritorno a casa*
151. Glenway Wescott, *Appartamento ad Atene* (3ª ediz.)
152. Mordecai Richler, *Solomon Gursky è stato qui*
153. W.G. Sebald, *Vertigini*
154. William S. Burroughs, *La macchina morbida*
155. V.S. Naipaul, *I coccodrilli di Yamoussoukro*
156. Laurent Gaudé, *La morte di re Tsongor*
157. Rubén Gallego, *Bianco su nero* (4ª ediz.)
158. Shirley Jackson, *L'incubo di Hill House*
159. Christina Stead, *L'uomo che amava i bambini*
160. Natasha Radojčić, *Domicilio sconosciuto* (2ª ediz.)
161. Alan Bennett, *Signore e signori*
162. Dai Sijie, *Muo e la vergine cinese*
163. Andrew Sean Greer, *Le confessioni di Max Tivoli*
164. Muriel Spark, *Invidia* (2ª ediz.)
165. Madeleine Bourdouxhe, *La donna di Gilles* (3ª ediz.)
166. Jamaica Kincaid, *Mr. Potter*
167. Salvatore Niffoi, *La leggenda di Redenta Tiria* (15ª ediz.)
168. Miriam Toews, *Un complicato atto d'amore*
169. Tim Parks, *La doppia vita del giudice Savage*
170. Paul Collins, *Né giusto né sbagliato*
171. V.S. Naipaul, *Una casa per Mr Biswas*
172. Alicia Erian, *Beduina* (4ª ediz.)
173. Danilo Kiš, *Una tomba per Boris Davidovič*
174. Salvatore Niffoi, *La vedova scalza* (12ª ediz.)
175. Henry Green, *Partenza in gruppo*
176. Peter Cameron, *Quella sera dorata* (11ª ediz.)

177. Paul Collins, *La follia di Banvard*
178. Abilio Estévez, *I palazzi lontani*
179. Mordecai Richler, *L'apprendistato di Duddy Kravitz* (2ª ediz.)
180. Anna Maria Ortese, *Angelici dolori e altri racconti*
181. Frank McCourt, *Ehi, prof!* (3ª ediz.)
182. Salvatore Niffoi, *Ritorno a Baraule* (3ª ediz.)
183. Kiran Desai, *Eredi della sconfitta* (2ª ediz.)
184. Jean Echenoz, *Ravel*
185. W. G. Sebald, *Gli emigrati*
186. Peter Cameron, *Un giorno questo dolore ti sarà utile* (6ª ediz.)
187. Muriel Spark, *Gli scapoli* (2ª ediz.)
188. Roberto Bolaño, *2666*, vol. I
189. Andrej Longo, *Dieci* (3ª ediz.)
190. Alan Bennett, *La sovrana lettrice* (7ª ediz.)
191. Davis Grubb, *La morte corre sul fiume*
192. V.S. Naipaul, *Semi magici*
193. Salvatore Niffoi, *Collodoro* (2ª ediz.)
194. William S. Burroughs, *Nova Express*
195. David Henry Sterry, *Un pollastro a Hollywood*
196. Christina Stead, *Il piccolo hotel*
197. Letizia Muratori, *La casa madre*
198. Peter Cameron, *Paura della matematica* (2ª ediz.)
199. Muriel Spark, *Atteggiamento sospetto*
200. Dai Sijie, *Una notte in cui la luna non è sorta*
201. Mordecai Richler, *Le meraviglie di St. Urbain Street*
202. Roberto Bolano, *2666*, vol. II
203. Andrew Sean Greer, *La storia di un matrimonio* (5ª ediz.)
204. János Székely, *Tentazione*
205. Salvatore Niffoi, *Il pane di Abele* (2ª ediz.)
206. Shirley Jackson, *Abbiamo sempre vissuto nel castello*
207. Curzio Malaparte, *Kaputt*
208. Letizia Muratori, *Il giorno dell'indipendenza*

FINITO DI STAMPARE NELL'APRILE 2009 IN AZZATE
DAL CONSORZIO ARTIGIANO «L.V.G.»

Printed in Italy